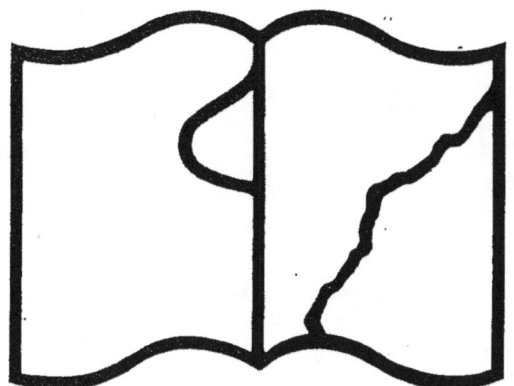

Texte détérioré — reliure défectueuse
NF Z 43-120-11

50ᶠ

II

Hector Fleischmann

Les filles Publiques sous la Terreur.

D'après les rapports de la police secrète, des Documents nouveaux et des pièces inédites tirées des Archives Nationales.

PARIS
ALBERT MÉRICANT
ÉDITEUR

Les Filles Publiques
sous la Terreur

DU MÊME AUTEUR

Les Horizons hantés.	*épuisé*
L'Épopée du Sacre, avec une préface de M. Henry Houssaye, de l'Académie française.	*1 vol.*
Napoléon et la Franc-Maçonnerie, nouvelle édition considérablement augmentée.	*1 vol.*
La Guillotine en 1793, d'après des documents inédits des Archives nationales.	*1 vol.*
Réquisitoires de Fouquier-Tinville (*Fasquelle*, éditeur).	*1 vol.*
Les Discours civiques de Danton (*Fasquelle*, éditeur).	*1 vol.*
Napoléon et l'Amour.	*1 vol.*
Une Maîtresse de Napoléon, d'après des documents nouveaux et des lettres inédites	*1 vol.*

LES DESSOUS DE LA TERREUR

Les Femmes et la Terreur (*Fasquelle*, éditeur).	*1 vol.*
Anecdotes secrètes de la Terreur.	*1 vol.*
Les Filles publiques sous la Terreur.	*1 vol.*

En préparation :

Apologie de Maximilien de Robespierre . . .	*2 vol.*
Réhabilitation de Fouquier-Tinville	*1 vol.*

Hector FLEISCHMANN

★ ★ ★

Les Filles Publiques
sous la Terreur

*D'après les rapports de la police secrète,
des documents nouveaux
et des pièces inédites tirées des Archives nationales*

PARIS
Albert MÉRICANT, Éditeur
1, RUE DU PONT-DE-LODI, 1

*Droits de traduction et de reproduction
littéraires et artistiques réservés pour tous pays, y compris
la Hollande, la Suède, la Norvège et le Danemark*

S'adresser pour traiter à M. A. MÉRICANT, Éditeur

A

Xavier Roux

Son ami,

H. F.

Avant-Propos

L'auteur, en écrivant la première page de ce livre, ne se dissimule pas à quel point est scabreux et délicat le sujet qu'il se propose de traiter. Ce n'est pas sans quelque crainte qu'il a pénétré dans ce cabinet secret de la Terreur, cabinet qui tient à la fois de l'alcôve, de la clinique, de la geôle et du cabanon. S'il s'y est cependant décidé, c'est que, ainsi qu'on l'a dit excellemment, à l'heure « où chaque historien éprouve le besoin d'une spécialisation toujours plus étroite et plus profonde (1) », il s'est aperçu qu'on avait volontiers négligé cet aspect de la crise nationale de 93. Pourquoi la

(1) M. Charles Velay, *Annales révolutionnaires*, n° 1, janvier-mars 1908, p. 126.

vie galante de la Terreur a-t-elle été frappée de cet ostracisme ? Comment n'avait-on pas songé à évoquer le tableau grouillant de la luxure vénale révolutionnaire ? Double question qu'il n'a pu se résoudre à expliquer que par un sentiment de pudeur attardée, de pudibonderie contemporaine, comme si la pudeur et la pudibonderie avaient quelque rôle à jouer en matière d'histoire ! D'autre part, si le sujet semble scandaleux aux réactionnaires et mérite pour eux d'être dédaigné, il constitue peut-être, pour des esprits plus avancés, une tache sur laquelle il convient, sans doute, de laisser tomber le voile d'une indulgente ignorance. Ni l'une ni l'autre de ces raisons, un peu spécieuses, ne doivent paraître suffisantes à l'historien. Ce serait dédaigner ou négliger la source la plus merveilleuse des études pathologiques que peut mériter la Révolution ; ce serait enlever à l'examen de la névrose terroriste la meilleure part de ses documents psychologiques et priver l'histoire d'une page qui, pour être brutale, populacière mais passionnée, n'en mérite pas moins d'être recueillie et connue.

C'est dans cet esprit que fut composé et écrit ce livre. Pour ce faire, deux procédés s'offraient à l'auteur. Le premier consistait à déduire des événements particuliers des conséquences générales, suivant la méthode de Taine et de Michelet ; le second exigeait qu'on remontât aux sources manuscrites, originales, aux dossiers des archives où dorment tant de papiers poussiéreux, et à présenter ce qu'ils offraient comme des faits particuliers, simplement comme des faits divers, en un mot, de la vie parisienne et galante sous le régime de la Terreur.

C'est à cette dernière manière que l'auteur s'arrêta.

Outre que Taine et Michelet sont des écrivains trop considérables pour être suivis ou imités dans leur procédé d'analyse, on a pu croire, non sans raison, que cette manière ne pouvait s'appliquer au travail que voici. On ne saurait déduire de cette chronique de l'amour et de la luxure en 93 et 94, des conclusions quant au régime et à la vie générale du pays dans l'orage qui déracina la vieille société française. De ces exceptions, il importe de ne point faire des généralités; de ce que le jardin de la Révolution fut le galant rendez-vous des « nymphes » et des « odalisques » de Paris, il ne faudait pas conclure que toutes les promenades des grandes villes de France furent celui de toutes les filles perdues de la République.

A l'histoire de Paris sous la Terreur, nous ajoutons un document oublié ou inconnu, et c'est notre seul désir qu'il soit trouvé curieux et digne d'être conservé.

**

Il n'est aujourd'hui personne qui ignore la part de la femme dans l'œuvre politique de la Révolution. Ce qu'on a plus volontiers négligé, c'est son influence dans la vie quotidienne, son rôle dans cette partie de la société que fait oublier le salon girondin de Mme Roland et le boudoir amoureux de la Du Barry à Louveciennes. Depuis plus d'un siècle, l'histoire argumente autour de ces vies passionnées, mais nous, qui avons voulu les oublier ici, estimons que cette passion se retrouve au même titre, avec la même intensité, dans la vie d'une des courtisanes de la Terreur. La fièvre où vécut Olympe de Gouges, cette amazone, vaut bien celle où s'agita la Bacchante, cette fille publique. C'est une sœur de Mme Roland, que la prostituée menée à l'échafaud pour avoir crié, étant ivre : *Vive le Roi!* Toutes deux meurent bien, mais la seconde se rattache davantage à la vie sociale de cette époque où « la multiplication des filles, l'énervation de l'homme était un vrai fléau (1) ». De la première on sait tout ; de la dernière, peu ou rien. N'y a-t-il pas là l'attrait d'un mystère, d'une vie, qui sollicite la curiosité ?

Et quel singulier et émouvant contraste ! La patrie soulevée à l'appel guerrier, la Convention lançant aux quatre coins de l'Europe la foudre jacobine, la France faisant explosion, un pays debout, héroïque et vociférant, et, à côté de ce volcan, aux flancs du cratère, l'amour ! L'amour

---

(1) J. Michelet, *La Révolution française ;* tome VI, *la Terreur ;* préface de 1869, XVII.

furieux, innombrable, exaspéré, l'amour frère de la mort, mêlant les roses rouges aux obscurs cyprès (1) !

Une telle époque mérite certes mieux que les quelques pages que consacrent les historiens à cette phase. C'est que, entre le cri à la Jean-Jacques de 1789 : « Aimez vos femmes et vos châteaux » et celui de 1793 : « Aimez vos citoyennes et la patrie », toute une société nouvelle est née, a grandi et s'apprête à prolonger sa vie jusqu'aux premières fanfares de l'Empire. Cette société ne doit pas être étudiée qu'en ses héros, ses grandes figures et ses premiers acteurs. Ainsi qu'en la Convention on néglige trop souvent la Plaine au détriment de la Gironde et de la Montagne, on oublie volontiers la société de la Terreur au bénéfice des protagonistes de la tragédie. Dans cette société, nous avons choisi aujourd'hui les filles publiques. Demain, de moindres comparses solliciteront peut-être notre attentive curiosité, mais d'avance nous sommes persuadés que la vie des

(1) C'est donc à tort, pensons-nous, que Bonaparte écrit dans un manuscrit de jeunesse : « Un peuple livré à la galanterie a même perdu le degré d'énergie nécessaire pour concevoir qu'un patriote puisse exister. » Qu'on considère les événements de l'époque pour voir à quel point le lieutenant d'artillerie s'abusait. — Manuscrit publié par Frédéric Masson et Guido Biagi, dans *Napoléon inconnu*, papiers inédits (1786-1793) accompagnés de notes sur la jeunesse de Napoléon; Paris, 1895, p. 185.

unes éclairera singulièrement celle des autres. Enfin, nous faut-il pour étudier, par exemple, Maximilien de Robespierre ou Jean-Paul Marat, dédaigner ceux et celles qui soutiennent le pavois triomphal sur lequel ils s'élèvent?

Nous ne l'avons point pensé. De là cette étude pathologique, de là ce livre.

H. F.

Germinal, 1908.

LIVRE PREMIER

La Vénus des Carrefours

I

Les citoyennes « férosses ». — Le singulier gendarme du Tribunal révolutionnaire. — Longchamps en 1793. — « Grande conspiration des femmes de la Salpêtrière ! » — Repopulation et union libre.

Le citoyen Helvétius, illustre philosophe, semblait tenir les dames de son temps en petite estime. Ayant à se plaindre des Muses qui lui étaient rétives, il ne trouva rien de mieux que de les comparer à des femmes. « Elles font les prudes, mais elles sont femmes et sont réellement des p..... qui me plantent là fort souvent. C'est à nous à fixer leur inconstance (1) », écrit-il à M. Buquet, procureur au Châtelet.

(1) *Catalogue d'autographes E. Charavay*, décembre 1887, n° 138. — La lettre est ornée d'un cachet représentant un chien attaché à une borne, avec cette légende un peu railleuse : « *Fidel* (sic) *sans contrainte.* »

Il serait évidemment exagéré d'appliquer cette maxime, quelque peu libre, aux femmes de la Révolution. Sans doute, parmi les libertés accordées par la Constituante, la Législative et la Convention, elles ont incorporé celle de l'amour, mais toutes ne poussent pas la bonne volonté au point où le présume Helvétius. 89 les trouve « éprises de la Révolution (1) », mais, comme toutes les passions, celle-ci sera de courte durée. Bientôt elles reviendront à leur véritable rôle : elles seront amoureuses de l'amour, et uniquement. « Une laide devient belle lorsqu'elle est patriote (2) », proclame une feuille du temps. C'est possible, mais puisque toutes, à l'aurore de la Révolution, ont été patriotes, on ne saurait nier qu'elles sont demeurées belles, par patriotisme. Ce ne fut qu'un jeu et qu'une amusette, au début, que la politique. Ne faut-il pas toujours à la femme « quelqu'un qui la divertisse et l'amuse, quand ce ne serait qu'un perroquet ou un petit-maître (3) » ? Ce perroquet remplacez-le par la brochure du jour, ce petit-maître, imaginez-le devenu quelque orateur de club

---

(1) E. et J. de Goncourt, *Histoire de la Société française pendant la Révolution*, p. 3.

(2) Lemaire, *Lettres bougrement patriotiques*.

(3) Mercier de Compiègne, *Eloge de quelque chose, suivi de l'éloge de rien* ; à Paris, chez Claude Mercier, imprimeur-libraire et homme de lettres, rue du Coq-Saint-Honoré, n° 120, 1793. — Mercier a publié plusieurs divers petits volumes d'un goût aussi frivole : *Les Nuits*

ou de salon politique, et rien ne sera changé au mot de l'ironiste badin.

Quoique répudiés, ces sentiments de la première heure ne sauraient être ainsi oubliés. Ils font mieux : ils germent dans ces âmes trop frivoles pour n'être embrasées que de l'amour sacré de la patrie. C'est une dangereuse semence que celle-là, et on le verra aux fruits qu'elle donnera, la Terreur éclatée et régnante. Brusquement, elles se révèleront « férosses », ainsi que l'écrit pittoresquement l'inspecteur de la police secrète Pourvoyeur (1). Jalouses, infidèles, cruelles, l'ancien régime a connu chez la femme ces défauts qui sont en même temps ses qualités. Il était donné au bouleversement social de 93 de les montrer « férosses ». Ce

d'hiver, variétés philosophiques et sentimentales, contes et nouvelles en prose et en vers, Paris, an III, in-18 ; *Les matinées du printemps*, œuvres diverses, Paris, 1797, in-18 ; et sous le pseudonyme de J. H. Meïbomius : *De l'utilité de la flagellation dans la médecine et dans les plaisirs du mariage, et fonctions des lombes et des reins ;* Paris, in-12, 1795.

(1) En écrivant ce livre nous nous sommes souventes fois servi des rapports dits de *l'esprit public*. Pour en expliquer l'origine à nos lecteurs, nous ne pouvons mieux faire que de reproduire les lignes que nous leur consacrions dans un de nos précédents volumes : « Cette sorte de police secrète avait été créée par Garat, à son entrée au ministère, sous le nom d'*observateurs locaux du département de Paris*. La police de la ville était entre les mains de la Commune. Les rapports étaient adressés au citoyen Franville (ou Franqueville), chef de bureau à

petit mot sinistre ramassé dans un rapport de police trouve pour être appuyé cent exemples.

Il explique admirablement la sorte de fureur qu'apportèrent les femmes de cette époque dans leurs passions, la frénésie dont elles enveloppèrent l'amour. Avant d'entrer dans une ville, on considère le paysage où elle se situe ; avant que de pénétrer au cœur de la vie galante de la Terreur, il nous faut étudier ses à-côtés.

***

A l'aube de la Révolution, une scène de barbarie véritablement sadique eut lieu. Peu de temps après le meurtre de Foulon, traîné par la ville en insurrection, une femme de la Halle, connue sous le nom de la *Belle Bouquetière*, avait assassiné son amant. C'était un grenadier de belle taille, à ce qu'il semble. Que lui reprochait-elle ? On ne sait, mais toujours fut-il que, l'ayant entraîné au delà

---

la maison de l'Egalité. Les principaux observateurs étaient : Le Breton, Siret, Mercier, Rollin, Latour-Lamontagne, Letassey, Hanriot, Soulet, Grivel, Dugast, Jarousseau, Leharives, Beraud, Moniés. — Perrière habitait à l'hôtel de Poyanne, rue du Faubourg-Saint-Honoré ; Pourvoyeur, cour du Commerce, rue Marat ; L. Antoine Bacon, Prévost et Charmont signaient toujours leurs rapports d'une manière maçonnique, c'est-à-dire en accompagnant leurs noms du signe ∴ » — *La Guillotine en 1793*, livre V, chap. v, p. 284.

Le Réfractaire amoureux.
Estampe sur le serment civique des prêtres.

de la barrière de Grenelle, elle le massacra de singulière façon : elle le châtra. C'est un supplice familier aux héros de *Justine*, mais la *Belle Bouquetière* n'avait certainement pas lu « cette monstrueuse priapée (1) ». Le peuple allait se charger de lui en infliger une torture non moins singulière et cruelle. Arrêtée presque sur-le-champ, condamnée à mort, on lui ouvrit le ventre et « on le remplit des génitoires arrachées aux victimes du 14 juillet (2) ».

Qui eut l'idée de cette mutilation symbolique? On l'ignore, mais ne peut-on pas l'attribuer avec assurance à quelqu'une des femmes qui égorgèrent la meurtrière? Cette scène, véritablement féroce, elle ne se renouvellera pas durant la Terreur, mais elle est significative au début des troubles révolutionnaires. Ne semblent-elles pas s'en souvenir, ces femmes qui hurlent : « A la guillotine! » autour de Mme Roland qu'on vient d'arrêter (3), et qui remplissent les tribunes de la Convention de ce tapage sanguinaire (4)?

(1) E. et J. de Goncourt, *vol. cit.*, p. 222.
(2) *Souvenirs du comte de Montgaillard*, agent de la diplomatie secrète pendant la Révolution, l'Empire et la Restauration, publiés d'après des documents inédits par Clément de Lacroix; Paris, 1895, p. 106.
(3) Mme Roland, *Mémoires*, tome I, p. 38, édit. de 1865.
(4) *Archives nationales*, manuscrit des révélations de Chabot.

Et, pourtant, ce ne sont point des filles publiques que celles-là, les filles publiques ayant mieux à faire et plus à gagner dans le jardin de la Révolution. Celles-ci sont plus volontiers sensibles. Sensibles, et sans le savoir, à la manière de Jean-Jacques. Est-ce à cause de l'amour, leur profession, leur religion, leur commerce ? L'inspecteur Pourvoyeur, en se promenant dans des rues, le 6 pluviôse an II (25 janvier 1794), a remarqué que « des femmes dans des groupes fesaient des motions et  dénonçaient de très bons patriotes ». Cette fois encore, ce ne sont pas des Vénus vénales, car le policier note : « Le peuple les fit taire et les invitat à aller veiller à leur ménage en leur disant que ce n'était pas à elle à faire des motions et sure tout à dénonser de braves républicains. » Ce n'est pas à leur ménage qu'on renvoie les filles perdues ! En 94, on mettait moins de formes à appeler un chat un chat. Cependant, Pourvoyeur observe, et c'est ici qu'on sentira toute l'importance de son témoignage : « Le peuple dit qu'il a remarqué que les femmes étoient devenues sanguinaires, qu'elles ne prêchent que le sang, qu'il y a entre autre une certaine quantité de femmes qui ne quittent point la guillotine ni le tribunal révolutionnaire (1). »

La guillotine! C'est désormais sa grande ombre oblique qui va s'étendre sur ces temps, c'est dans elle que se joueront tous les drames, que riront toutes les ironies, c'est dans cette ombre enfin qu'on aimera.

Le 26 pluviôse suivant (14 février), Pourvoyeur se trouvant sur la ci-devant place Louis-XV, remarque que « l'on disait sur la place de la Révolution cette après-midi, dans un petit groupe; quand est-ce donc que la guillotine finira, il ne se lasse donc pas de guillotiner tous les jours; il est étonent disaient-on à quel point les femmes sont devenues férosses elles assistent tous les jours aux exécutions (2) ».

Il est incontestable qu'il y a là une sorte de névrose, de maladie publique. La guillotine entre dans les mœurs, la férocité, l'insensibilité entrent dans les cœurs. Que ce soit seulement chez les femmes, nous ne songeons aucunement à l'affirmer, mais enfin on ne saurait contester qu'elles n'en sont point exemptes. Elles semblent abdiquer le tendre privilège de leur sexe, la pitié. De cela la guillotine paraît les avoir, pour longtemps, guéries.

Ecoutez comment les juge un conventionnel,

(1) *Archives nationales*, série W, carton 191.
(2) *Ibid*.

Philippe Drulhe. Quand la tête du condamné tombe sous le *glaive de la loi,* un « être immoral et méchant » seul peut s'en réjouir, dit-il. Et il continue :

> Il faut le dire à l'honneur de mon sexe ; si l'on rencontre quelquefois ce sentiment féroce, ce n'est guère que dans les femmes : en général, elles se montrent plus avides que les hommes de ces scènes sanglantes ; elles regardent sans frémir le jeu de ce glaive moderne, dont la description seule fit pousser un cri d'horreur à l'Assemblée Constituante, qui ne voulut jamais en entendre la fin : mais c'était une assemblée d'hommes ; les femmes sont cent fois plus cruelles.

Saurait-on plus énergiquement confirmer ce qu'a dit Pourvoyeur dans son rapport quotidien ? Mais si le policier néglige — et pour cause — d'étudier les mobiles de ces fureurrs, Drulhe tente au moins, lui, de les discerner. Les raisons qu'il donne de ce sentiment si général sont loin d'être mauvaises :

> On remarque que ce sont elles *(les femmes)* qui, dans les mouvements populaires, se signalent par les plus horribles abandons, soit que la vengeance, cette passion chérie des âmes faibles, soit plus douce à leur cœur, soit que lorsqu'elles peuvent faire le mal impunément, elles saisissent avec joie l'occasion de se dédommager de leur faiblesse, qui les met dans la dépendance du sort. Du reste, on sent bien que ceci ne s'applique point aux femmes, en qui l'éducation ou la sagesse ont conservé ces douces mœurs qui sont leur plus bel apanage. Je ne parle que de celles qui n'ont jamais connu les vertus

de leur sexe, et qu'on ne retrouve guère que dans les grandes villes, qui sont l'égout de tous les vices (1).

Ceci n'est guère flatteur pour Paris, mais est-ce bien la faute de Drulhe ? Il constate le fait, et ce n'est pas à nous de le nier. Ces quelques lignes en disent plus sur les « lécheuses » et les « furies de guillotine » que les copieux chapitres d'un long volume.

Quand, après avoir infligé la correction du fouet à une femme suspecte d'incivisme, elles la chassent en disant : « Lève-toi, coquine, la nation te fait grâce ! », on peut se demander si c'est le patriotisme qui leur dessèche le cœur à ce point ? Ici encore, la guillotine a fait son œuvre : en elle la France et la femme de France trouvèrent le plus extraordinaire professeur d'insensibilité, la plus énergique leçon d'indifférence.

(1) Opinion de Philippe Drulhe, député du département de la Haute-Garonne, sur l'article suivant du projet de constitution : *La peine de mort est abolie pour tous les délits privés*. Séance de la Convention nationale du lundi 24 juin 1793; XXXVIIIme annexe. — *Archives parlementaires de 1787 à 1860*, 1re série, tome LXVII, p 306. — Note des Archives : Bibliothèque nationale L^e 38, n° 283; bibliothèque de la Chambre des députés, *Collection Portier (de l'Oise)*, tome 212, p. 16. — L'impression de ce document est annoncée dans le *Journal des Débats et décrets*, de juin 1793, p. 468.

La fille publique traite le Paris de la Terreur en ville conquise. Du Palais-Egalité — et nous le verrons plus loin — elle a fait son domaine incontesté, au point qu'une honnête femme ne saurait décemment le traverser. Celles qui s'y essayent rebroussent chemin aussitôt. De quel droit la vertu va-t elle en visite chez le vice? De cet envahissement, le Tribunal révolutionnaire lui-même n'a pas été exempt.

Le ministre Garat qui créa les observateurs de l'esprit public.

La terrible majesté de la loi, le glaive qui frappe là à coups redoublés, traîtres, conspirateurs et suspects, cela n'est pas pour effrayer la Vénus publique qui, du carrefour, monte au Palais de justice. Ses plumes défrisées, trempées des averses, tentent la comparaison avec celles qui ornent les chapeaux à la Henri IV des juges.

C'est un singulier spectacle que celui qu'offre le public du Tribunal révolutionnaire. Dans l'ancienne chambre du Parlement de Paris, il siège. Le décor est d'une austérité toute romaine. Au mur du fond, les bustes de Brutus, et de Jean-Paul Marat et de Lepelletier, martyrs de la liberté française. Sous les bustes, la table des juges. A droite, Fouquier-Tinville ; à gauche, les gradins des accusés. Quiconque s'assied là se sent au cou la fraîcheur de l'acier. Il semble que tout doit être tragique, solennel, glacé.

Et pourtant c'est là le rendez-vous des oisifs, tant hommes que femmes. A les voir si nombreux, le policier Rolin présume « qu'il n'i ait quelque projet sinistre en l'air (1) ». Il n'en est rien cependant. S'ils témoignent leur joie du jugement des coupables et de la promptitude qu'y mettent les juges (2), ils ne peuvent s'empêcher de se montrer mécontents de certains petits incidents qui ravissent les filles publiques attirées là, et par la hantise de la mort et par l'espoir du client providentiel. C'est le policier Prévost (il signe Prévost ∴) qui nous conte une de ces aventures :

Ce qui a déplu très fort à plusieurs citoyens, écrit-il dans ses observations du 22 pluviôse an II (10 février 1794), c'étoit la tenue la plus indécente d'un gendarme qui étoit à costé d'un accusé lors de son interrogatoire. Il m'a paru qu'il avoit bu, il se couchoit presque sur les

(1) Rapport de police de C. Rolin, 25 pluviôse an II ; *Archives nationales*, série W, carton 191.

(2) « Les juges mettent toute la dextérité dans leurs jugements, ce qui fait le plus grand plaisir aux citoyens. » Rapport de l'observateur Prévost, 22 pluviôse an II. — *Archives nationales*, série W, carton 191.

bancs sur lesquels il étoit assis, mettoit sa main dans sa culotte, enfin il n'est pas possible de voir une indescence de cette nature surtout pour un fonctionnaire et dans un lieu où on doit y être avec la plus grande descence pour les juges et les spectateurs, tout ceci s'est passé dans la salle de l'égalité (1) au moment où on jugeoit un commandant de bataillon de l'armée du traître Dumouriez (2).

Si de telles choses ont lieu dans la salle, que ne se passe-t-il point dans les couloirs? De la salle des Pas-Perdus, alors salle de Saint-Louis, toute sonore encore du pas des conseillers au Parlement de Paris, de ce noble pavé de France aux galeries latérales, la prostitution bat l'estrade, racole les plaideurs, cligne de l'œil aux défenseurs officieux et ne dédaigne point les hommages des guerriers pacifiques préposés au maintien du bon ordre du Palais. Aussi est-ce avec une indignation, qui appelle les foudres ministérielles, que le policier Mercier écrit, le 10 pluviôse :

Aux palaix de justice, il se fait toujours des attroupemens de femmes de fille qui nont lair autre chose que de libertines jen ait surprie une aujourdhuit sur les six heures qui étoit couchée dans un banc avec deux soldat ou 2 tambours. Ceci empechent les honneste jen de pou-

(1) Le Tribunal révolutionnaire était partagé en deux sections. La première siégeait dans la salle de la Liberté, la seconde dans la salle de l'Egalité. La première de ces salles forme aujourd'hui la 1ʳᵉ chambre du Tribunal civil de la Seine ; la seconde fut incendiée sous la Commune.

(2) Rapport de police de Prévost, ci-dessus cité.

voir y aller par la mauvaisse réputation qua cette endroit (1).

Et l'indignation de Mercier donne la mesure de l'irrespect de Vénus pour sa sœur Thémis (2).

*.

Le printemps ne fait point ralentir les travaux du Tribunal, mais chasse du Palais, déshonoré et avili, ses luxurieuses habituées. C'est l'époque où le tendre germinal orne Longchamps et le Bois de Boulogne des neuves grâces de ses jeunes verdures.

Les belles promeneuses du régime disparu et traqué ont autrefois fait la fortune de Longchamps. N'est-ce pas là qu'un jour, dans son carrosse à fond d'or peint, capitonné de satin *tête de canard* et garni de coussins de soie gris perle, avec un tapis de pied de 36 000 livres, est venue la Duthé ? Le duc de Durfort se « pavanait alors à ses pieds (3) », et c'était de son or qu'il avait payé le fourreau de taffetas recouvert d'une large chemise d'organdi claire et empesée, froncée autour du col et des poignets pour descendre jusqu'aux chevilles et se rattacher autour de la taille avec un nœud de rubans noirs, où se cuirassait la belle impudique. Déjà son sourire allait au comte

(1) *Archives nationales*, série W, carton 191.
(2) Sur ces scandales du Palais de justice, voir à l'appendice la plainte de la Section Révolutionnaire.
(3) Comte de Montgaillard, *vol. cit.*, p. 74.

d'Artois, à cet « invalide du despotisme et du libertinage » dont elle allait partager les orgies (1). Mais où donc était maintenant la Duthé, et même le comte d'Artois, raillé jusque par les royalistes :

> On croit, à son noble maintien,
> Que c'est le Dieu Mars en personne (2) !

Hélas ! les lys de France sont coupés et les lauriers du roy seront longs à cueillir ! Aujourd'hui, les citoyennes, les sans-culottes et les filles publiques mènent à Longchamps leur goût de la nature, et c'est sous ses bosquets bruissants qu'on sacrifie aux ardeurs printanières. Le 8 avril 1789, le temps est particulièrement beau. Pour la première fois, la foule se porte au Bois de Boulogne, et un contemporain note que les promeneurs y sont précédés ou suivis « par ces fameuses impures, moins curieuses de voir que d'être vues, d'étaler leurs charmes séducteurs et d'éblouir la multitude indignée de leur faste, par le spectacle aussi scandaleux que brillant de leurs élégantes parures, de leurs chars somptueux auxquels elles attachaient leurs esclaves (3) ». La mode est alors à ces petites brochures badines ou scandaleuses, de quatre ou huit pages, qui prennent leur vol dans Paris.

(1) Comte de Montgaillard, *vol. cit.*, p. 134.
(2) *Journal général de la cour et de la ville*, 1er mars 1792.
(3) *Journal du libraire Hardy*, tome VIII, p. 281.

Longchamps a sa part dans cette bibliographie : ce sont les *Observations critiques d'un flâneur sur la promenade de Longchamps ou Examen joyeux des voitures qui doivent s'y rendre pendant trois jours* (1), et on devine dans quel esprit cet examen est fait par l'auteur anonyme ; c'est encore *Le Départ des belles femmes de Paris en grand costume pour embellir Longchamps pendant trois jours, avec la liste de leurs noms* (2), et la mode se perpétuera jusqu'en l'an IX, où paraîtra encore ce petit libelle diffamatoire : *Les plaisirs de Longchamps pour l'an IX, noms et qualités de toutes les dames qui doivent s'y trouver avec leurs aimables favoris, détails de leurs costumes, couplets à cet égard* (3).

La Terreur, cependant, offrira en ces lieux charmants, dans ces verts paysages, coupés d'eaux vives, de bosquets murmurants, de vallons gazonnés, d'autres spectacles Ce sera l'endroit choisi, par un beau jour de germinal, pour des duels de jeunes vauriens en culottes d'écoliers (4), la promenade où des hommes sans pudeur insulteront outrageusement les femmes venant goûter le charme printanier. C'est un policier qui conte : « Un de ces

(1) Imprimerie Aubry, 1790, 8 pp.
(2) *Se trouve à Paris sous le vestibule du théâtre de la République*, in-8, 8 pp.
(3) Paris, an IX, in-4°, 4 pp.
(4) C'est l'inspecteur Le Breton qui mentionne un fait de ce genre dans un de ses rapports de germinal

hommes vit passer une femme à qui il a tenu les propos les plus sales, a défait sa culotte et l'a poursuivie, enfin il est impossible de dire qu'elle en a été le résultat. » On comprend la pudeur du mouchard. « Cette femme, conclut il, s'est enfuie à toutes jambes (1). » Ne fit-elle pas mieux que de s'attarder ? Ces incidents, les rapports de police les signaleront souventes fois Maximilien de Robespierre aura beau avoir mis la

Le danger du Duel.

vertu à l'ordre du jour, exigé « la bonté des

an II : « Dans les Champs-Elizées, sur les quatre heures après midi, deux petits jeunes gens s'étoient donnés parole je crois pour se battre. Ils avoient chacun une pique et se mettoient en face l'un de l'autre pour se porter des

(1) Voir note 1 p. 30.

mœurs (2) », c'est en vain qu'il demandera, à la veille de sa chute, de « sauver la morale publique (3), Paris restera ce qu'il fut et l'amour — si toutefois cela peut s'appeler ainsi — n'abdiquera pas un pouce du terrain, ne cédera pas une allée du Bois de Boulogne. Le cours des saisons y ramènera les amants, ces amants à qui Cubières, le « citoyen poète de la Révolution », promet un charme nouveau à chaque mois de l'amoureux calendrier :

> *Germinal* me verra caresser ma Lisette,
> *Floréal* de bouquets orner sa collerette,
> *Prairial* la mener sur de riants gazons,
> *Messidor* avec elle achever les moissons,
> *Thermidor* près des eaux détacher sa ceinture,
> *Fructidor* lui servir la pêche la plus mûre,
> *Vendémiaire* enivrer ses esprits amoureux,
> *Brumaire* sous un voile abriter ses cheveux,
> *Frimaire* au coin du feu la proclamer Vestale,
> *Nivôse* à sa blancheur offrir une rivale,

coups de longueur. Ils avoient l'air d'y aller bon jeu, bon argent. Je me suis mis au devant d'eux en leur faisant honte de leur procédés, ce qui a amassé un peu de monde un poste que l'on alloit relever, et de fait abandonner la partie et ils ont gagné au large en se sauvant l'un de côté, l'autre de l'autre. » *Archives nationales*, série W, carton 174, pièce 106.

(1) Rapport de police de Prévost, 3 ventôse an II, *Archives nationales*, série W, carton 112.
(2) Discours de prairial an II.
(3) Discours du 8 thermidor.

Pluviôse pour elle affronter les torrens,
Et *Ventôse* braver les sombres ouragans (1).

Ces charmes, ce ne seront point ceux-là qui attireront les « muscadins » à qui le policier Clément trouve un air très suspect et dont il procurera la liste (2). Les Champs-Elysées deviennent, à certains jours, le rendez-vous des aristocrates déguisés, de mécontents promis au *rasoir national*. Sous la verdure lourde de la chaleur de thermidor, ils agiteront de « sinistres projets », combineront des plans machiavéliques. Ils conspireront, mais à voix basse. « Nous attendons qu'ils parlent plus haut et nous les veillons (3). » C'est un mouchard qui passe. Les feuilles vertes des Champs-Elysées ont des oreilles.

**

A la prostitution, au libertinage, à la névrose érotique, rien ne saurait mettre un frein. On conçoit que, sous l'œil d'une police impuissante et qui a bien d'autres suspects à surveiller, elle s'étale impunément. On comprend que la rue, qui appartient à tous, soit témoin des déportements des

(1) *Le Calendrier républicain*, poème, précédé d'une lettre du citoyen Lalande, par Cubières, *poète de la Révolution*.
(2) Rapport de police adressé à la Commune, 19 floréal an II. *Archives nationales*, série W, carton 124, pièce 40.
(3) *Archives nationales*, série W, carton 124, pièce 18

filles, et alors comment ne pas s'étonner de voir la débauche triompher jusque dans les lieux sur lesquels la police a toute autorité? L'Hôtel général et l'Hôtel-Dieu sont particulièrement accusés d'être le théâtre de scènes scandaleuses, et l'inspecteur Mercier se fait, à la date du 4 ventôse an II (23 février 1794), l'écho des bruits qui courent parmi le public. C'est au moins ce qu'on discerne à travers les extravagances de son orthographe : « On murmure beaucoup de linconduite qui regne dans lopitalle générale on assure que beaucoup de femmes qui son dans cette maison mène une vie bien pire que celle qui racroche publiquement, l'hotelle dieu a apeuprest la même renommée. Ces deux maisons passe aussie pour estre remplie de lesprie darristocrasie (1). » C'est une singulière idée que l'on peut se faire de ce lieu d'angoisse où râlent les agonisants, où se lamentent les malades et où chante le rire de la débauche. Ici, une fois encore, l'amour et la mort sont frères et se tendent la main. Aux gémissements des souffrants répondent les soupirs de la volupté, et cet hôpital c'est comme une énorme maison de débauche sous la protection de l'autorité municipale et la surveillance de la police.

Il en est de même au collège de Laon (2), à la

(1) *Archives nationales*, série W, carton 112.
(2) « Le collège de Laon fut fondé en 1313, par Guy de Laon, trésorier de la Sainte-Chapelle, suivant un auteur du XVIIIe siècle ; d'après un autre plus récent, il

Montagne Sainte-Geneviève. La Commune a décidé de l'abandonner aux femmes sans ressources dont les maris sont partis aux frontières défendre, contre les despotes coalisés, la patrie en danger. Le collège est bientôt devenu un mauvais lieu. Ces ménagères, désormais délivrées du souci d'un loyer à payer, ont une manière particulière de faire preuve de reconnaissance, et cette manière n'est certes pas à l'honneur de leur propreté domestique. Grâce à elles, les dégâts sont bientôt considérables. Des ordures sont jetées au premier endroit venu, dans les escaliers, dans les couloirs. Les reliefs de la cuisine font un charnier de l'antique collège. La crainte de maladies épidémiques n'est pas pour les arrêter. Mais ce n'est pas tout. La citoyenne Bigaut, graveuse, rue Saint-Jean-de-Beauvais (1), semble particulièrement renseignée sur ce qui se passe en cet endroit. Est-ce elle qui donne à l'inspecteur Rollin des renseignements ? On ne sait,

aurait été fondé en 1305, par Huard de Courtegis ; ce qui a causé l'erreur de l'ancien historien, c'est qu'il a confondu l'exécuteur testamentaire, Guy de Laon, avec Huard de Courtegis, le donateur. » Ch. Virmaître, *Paris historique*, p. 79. — Le collège de Laon occupait l'emplacement du Collège de France.

(1) « Pour plus ample information, chez la citoyenne Bigaut, graveuse, rue de Saint Jean de Beauvais », dit Rollin à la fin de son rapport consacré, le 6 ventôse, aux femmes du collège de Laon, ce qui fait croire que la dénonciation lui a été faite par la susdite femme Bigaut. — *Archives nationales*, série W, carton 112.

mais la chose est présumable. « On assure que le libertinage le plus effréné est à l'ordre du jour

L'Union républicaine.
(Gravure de l'époque — Cabinet des Estampes.)

dans cette maison, quelle *(les femmes sans doute; Rollin néglige de le dire)* reçoivent des hommes chez elles à toutes heures de jour et de nuit, quelles s'enivrent continuellement, et que dans cette état elles tiennent les propos les plus dissolus et les plus inciviques comme de dire au diable la nation, la belle f..... nation, etc., etc. »

Pauvres sans-culottes en sabots! Tandis que sur le Rhin ou dans les plaines vendéennes on vous mène à la mort, voilà ce à quoi s'occupent vos citoyennes! L'absence est l'excuse de leurs consolations, si on peut décemment parler ainsi. Quand, éclopés, fourbus, les maris rentreront au foyer, le bégayement d'un jeune citoyen les accueillera peut-être. Qu'ils ne s'étonnent pas! Ne faut-il pas faire des enfants pour la République? Il semble bien que ce soit là le souci de quelques femmes, du moins c'est ce qui ressort de ce petit papier poudreux retrouvé au hasard des recherches et intitulé :

SUPERSTITION

Plusieurs femmes causoient entre elles. La nécessité de faire beaucoup d'enfans pour réparer les pertes de la République étoit l'objet de leur conversation. Celles qui paroissoient hors d'âge de donner des enfants à la Patrie disent à une qui étoit plus jeune qu'elles : et toi, est-ce que tu ne fais pas d'enfans? Celle-ci répond : oh bien oui! des enfans! On ne sait pas seulement comment les faire baptiser. Les autres plus éclairées lui dirent : Si tu n'avais pas l'air bête et sans malice, nous te conduirions au corps de garde. Après quelques propos désagréables, la femme quitta le groupe.

Ainsi le fanatisme s'oppose à la population (1).

(1) Observations du 10 germinal an II; *Archives nationales*, série W, carton 174, pièce 39.

Si la France manque d'enfants, c'est faute de civisme !

Nous avons connu des « repopulateurs » contemporains dont le raisonnement n'était guère sensiblement différent. Après les femmes du collège de Laon, ce sont les enfermées de la Salpêtrière qui, à plusieurs reprises, font parler d'elles. Ce sont des projets plus sinistres qu'on leur attribue, bien gratuitement d'ailleurs. Sans doute ne songent-elles pas à autre chose que les femmes de l'Hôpital général et du Collège libertin. Il n'importe. Le mot de « grande conspiration » circule, et c'est assez pour qu'on les imagine en insurrection, prêtes à marcher sur Paris. Le 25 ventôse : « On disoit encore hier, cour du Palais, que les femmes de la Salpêtrière devoient être armées de poignards par les conjurés ainsi que des prisonniers de Bicêtre que l'on y avoit mis exprès pour massacrer des autres (1). » Le 9 germinal : « On dit à la halle que les femmes de l'hôpital de la Salpêtrière se sont soulevées, qu'elles sont sorties au nombre de huit cents après avoir égorgé la garde. D'autres assurent que pas une d'elles ne sont sorties (2). » Ce sont évidemment ces autres qui ont raison. On peut, en effet, douter que le poi-

---

(1) Rapport de police de l'observateur Bacon ; *Archives nationales*, série W, carton 112.

(2) Rapport de police de l'observateur Prévost ; *Archives nationales*, série W, carton 174, pièce 32.

gnard soit le jouet favori de ces filles folles de leur corps — et de celui des autres.

* * *

Le mariage, l'union libre, le divorce devaient naturellement préoccuper cette société si profondément attachée aux choses de l'amour. La loi du divorce, votée le 20 septembre 1792 et promulguée le 25 du même mois, avait rendu à la liberté toutes celles et tous ceux à qui pesaient les *chaînes sacrées* du mariage, et notamment Thérézia Cabarrus qui, des bras de M. de Fontenay, allait se jeter dans ceux de l'ancien prote d'imprimerie, Tallien. Après plus de cent ans, cette question du divorce et de l'union libre semble être redevenue d'actualité et fournit un sujet de dissertations toujours fertile. Au risque de contrister les journalistes et les chroniqueurs qui l'exploitent quotidiennement, il faut bien dire qu'ils n'ont trouvé rien de neuf à écrire à cet égard. Dès 92 et 93, tout fut dit sur l'union libre, et avec une éloquence autrement sincère que celle qu'affectent nos psychologistes contemporains.

Un petit incident du 11 ventôse an II (1er mars 1794) montrera de quelles préoccupations la question était l'objet. La Convention avait, par décret, accordé des secours aux femmes et aux enfants des citoyens partis aux frontières. Se réclamant de ce décret, une citoyenne de la section de la République (1) vint demander des secours. Ils lui furent refusés, sous prétexte qu'elle n'était pas mariée, quoiqu'elle eût vécu pendant plusieurs années avec l'homme dont elle avait eu plusieurs enfants. La chose était de notoriété publique dans la section.

Ce fait inspira à l'inspecteur Perrières des réflexions qui, pour être copieuses, n'en sont pas moins marquées du meilleur bon sens. C'est un plaidoyer pour l'union libre, une défense de celles qui la préfèrent au mariage, et ce n'est pas un des côtés les moins piquants de la question que de le trouver sous la plume d'un mouchard qu'à un siècle de distance, M. Paul Bourget trouve devant lui en adversaire. Le morceau ne manque pas de logique :

> La conduite de cette section, dit Perrières, et de plusieurs autres me paraît très impolitique et entièrement contraire aux précédents décrets qui rendent les enfans bâtards à la vie civile et notamment au dernier, généralement approuvé du peuple, qui semble avoir pour objet de favoriser la population en ouvrant un azyle vaste, sain et abondant aux femmes et aux filles qui ne pourront pas faire chez elles les frais de leur accouchement

(1) « Cette section se tenait, en 1792, dans l'église des Capucines-Saint-Honoré, et comprenait 1 300 citoyens actifs. Elle s'est appelée *Section du Roule*, de 1790 à 1793, *Section de la République*, de 1793 à 1794, *Section du Roule*, en 1795, et n'a plus changé de nom. » Mortimer-Ternaux, *Histoire de la Terreur* (1792-1794), d'après les documents authentiques et des pièces inédites ; Paris, 1862, tome II, p. 418.

et de la nourriture de leurs enfans (1). — Quelques idiots ou malintentionnés se sont bien plaints et ont bien voulu jetter de la défaveur sur ce décret salutaire en prétendant qu'il encourageait le vice; mais certes, leur a-t-on répondu, ce n'est pas encourager le vice que d'encourager la population, et c'est bien plutôt encourager le vice et le crime que de ne pas encourager la population et de la flétrir même dans sa liberté, n'est-ce pas à cette mauvaise honte, qu'entretient encore un préjugé barbare, qu'est due l'action atroce de cette fille si heureusement, si courageusement réparée par un brave sans-culotte, qui a mis dans cet acte autant de désintéressement que de dévouement?... N'est-ce pas pour la vaincre, cette mauvaise honte, que la Convention vient d'accorder 300 livres au citoyen philosophe et généreux qui a cru s'ennoblir en épousant une femme dont la fécondité vient, d'un seul accouchement, d'enrichir la patrie de cinq enfans mâles, et réparant ainsi l'ingratitude de l'insensibilité du monstre qui l'avait délaissée.

Mais ce n'est pas assez d'encourager celui qui sçait réparer une immoralité en surmontant un préjugé, il faut comme en Angleterre (et j'espère que nous n'aurons bientôt aucun exemple de justice ou de vertu à emprunter de cette nation qui se comporte aujourd'hui comme la plus corrompue de l'univers), punir celui dont la conduite dénaturée n'a pu être effacée que par le dévouement d'un autre.

Mais pour revenir à la plainte qui fait le sujet important de cet article, cette conduite de la section de la République et de quelques autres aussi peu avancées, est bien, comme je viens de le prouver, contraire à l'esprit des décrets, mais non à la lettre d'aucun; pour que l'esprit ne meure pas dans la lettre, il faut donc rendre la lecture exactement conforme à l'esprit, et ces fautes de

(1) Création de la Maternité.

philosophie, de politique et d'humanité se répéteront encore longtemps dans les sections et dans le reste de la République, si un décret formel et rendu tout exprès n'admet les femmes non mariées et leurs enfans au bienfait de la loi dont on prétend les exclure. Cette même loi, par contre-coup, doit porter une peine sévère contre quiconque ayant vécu notoirement avec une femme se permettra de l'abandonner elle et ses enfans qu'elle aura eus pendant le tems de sa cohabitation avec lui,... Sans doute, il est mieux, il est beaucoup plus conforme à l'ordre, de suivre le plus doux et le plus sacré penchant de la nature sous les formes sages établies par la société pour cet objet, mais il ne faut jamais qu'une femme ait à rougir de n'avoir pris que la nature pour témoin de son union avec l'homme ; il faut surtout qu'elle n'ait pas à s'en repentir ; par le premier moyen on évite l'infanticide, par le second on étendra le mariage en obligeant l'amant aux mêmes devoirs que l'époux ; car c'est en rendant le désordre et le crime infructueux, que l'on appelle et que l'on range à l'ordre et à la vertu (1).

Qu'on réfléchisse maintenant que c'est un rapport de police, confidentiel, secret, que nous venons de citer, que son auteur n'espérait jamais le voir sortir du carton où le ministre l'avait englouti, et on peut alors se demander à qui doivent aller les préférences, au policier ou au romancier psychologique d'aujourd'hui ?

Nous préférons le policier.

(1) *Archives nationales*, série W, carton 112.

II

La répression de la prostitution sous l'ancien régime. — Les remèdes du Pornographe et de l'Ami des mœurs. — Exploits et hauts faits du trottoir. — Une conclusion de Restif de la Bretonne.

Le grand ennemi de la fille publique, sous l'ancien régime, fut le lieutenant de police. Son autorité était plus étendue que ne l'est aujourd'hui celle du préfet de police puisqu'il avait droit de haute justice sans appel et que plusieurs de ses arrêts pouvaient être exécutés par la main du bourreau. Hâtons-nous de le dire, jamais cette justice souveraine n'exerça sa tragique prérogative sur les prostituées. Il est vrai que leurs délits étaient de moindre importance en un temps où un commis des postes pouvait être condamné, par le lieutenant de police, à être pendu pour avoir ouvert des lettres. Il semble surtout que les lieutenants de police se soient appliqués à réprimer la débauche en frappant ceux qu'ils considéraient comme les complices directs des déportements scandaleux. Au premier rang de ces complices, figurent les aubergistes et les tenanciers d'hôtels.

Alors, comme aujourd'hui encore d'ailleurs, les hôtels garnis jouaient un rôle considérable dans la vie des prostituées. C'était, pour les voluptés de passage, le havre rapidement atteint, moyennant une modique redevance, le refuge clandestin et sûr des étreintes hâtives. En frappant l'intermédiaire, plus facile à atteindre, ne frappait-on pas la débauche? Puisque l'hôtelier profitait de cet or vénal, le châtiment ne pouvait le toucher que dans cet or. C'est de cet esprit que s'inspirent les lieutenants de police. Quelquefois, leurs arrêts s'augmentent de peines plus graves, plus sensibles, et c'est ainsi que, le 21 juin 1732, le lieutenant de police René Hérault (1), outre qu'il frappe de 50 livres d'amende le cabaretier Malteste, habitant aux Porcherons, ordonne que son établissement sera fermé et « muré » pendant six mois. Que reproche-t-on à Malteste? D'avoir reçu des femmes de mauvaise vie. Dubut, habitant rue du

(1) René Hérault fut le septième des quatorze lieutenants de police. Il occupa son poste du 28 août 1725 au 21 décembre 1739. Voici, par ordre de date, la liste des différents lieutenants de police : Gabriel-Nicolas de la Reynie, du 29 mars 1667 au 29 janvier 1697; Marc-René de Voyer de Paulmy, marquis d'Argenson, du 29 janvier 1697 au 28 janvier 1718; Louis-Charles de Machault, du 28 janvier 1718 au 26 janvier 1720; Marc-Pierre de Voyer de Paulmy, comte d'Argenson, du 26 janvier 1720

Petit-Lion, est maître à danser, c'est du moins ce qu'il affirme. Les inspecteurs de police lui attribuent en outre la qualité de tenancier d'hôtel borgne. « Il paraît dans le jour, aux fenêtres de cette maison sur la rue, plusieurs femmes et filles prostituées qui s'y donnent comme en spectacle, qui font des signes aux passants (1). » Et quand ces filles descendent dans la rue, c'est pour les raccrocher. On mure un cabaret, on ne mure pas un appartement. Le 20 mai 1740, Dubut se tire d'affaire avec 100 livres d'amende auxquelles le condamne le lieutenant de police Feydau de Marville. On peut croire que c'est là une sorte de tarif auquel se tient le juge, car, six ans plus tard, le 2 décembre 1746, le logeur en chambres garnies de la rue du Petit-Bourbon, le sieur Étienne Friley, se voit lui aussi

au 1ᵉʳ juillet 1720, et du 26 avril 1722 au 28 janvier 1724; Gabriel Teschereau de Baudry, du 1ᵉʳ juillet 1720 au 26 avril 1722; Nicolas-Jean Baptiste Ravot d'Ombreval, du 28 janvier 1724 au 28 août 1725; Claude-Henri Feydau de Marville, du 21 décembre 1739 au 27 mai 1747; Nicolas-René de Berryer, du 27 mai 1747 au 29 octobre 1757; Henri-Léonard Bertin, du 29 octobre 1757 au 21 novembre 1759; Jean-Gualbert Gabriel de Sartine, du 21 novembre 1759 au 30 août 1774; Jean-Charles-Pierre Lenoir, du 30 août 1774 au 14 mai 1775, et du 19 juin 1776 au 11 août 1785; Joseph François Ildefonse-Remond Albert, du 14 mai 1775 au 19 juin 1776; Thiroux de Crosne, du 11 août 1785 au 14 juillet 1789. — La charge de lieutenant de police dura cent vingt-deux ans.

(1) Cit. par Le Poix de Fréminville, *Dictionnaire de la police*, p. 312.

infliger 100 livres d'amende. Le 22 décembre 1708, le roi en son Conseil a rendu un arrêt obligeant

Un journal populaire de la Terreur :
Le Père Duchesne.

les hôteliers à tenir un registre. C'est à cet arrêt qu'a contrevenu Friley en ne mentionnant pas le nom des filles et des souteneurs gîtant chez lui.

Les lieutenants de police auront beau disparaître, le tarif restera le même, mais une peine d'un nouveau genre viendra s'ajouter aux arrêts. Dès 1789, les hôteliers en infraction avec les arrêts, règlements et ordonnances sur les mœurs sont justiciables du tribunal de police siégeant à la Maison Commune. Feron tient, rue de la Mortellerie, l'hôtel de Sens. C'est le lieu choisi par les prostituées pour leurs affaires galantes ; le 3 février 1790, 100 livres d'amende et l'affichage du jugement dans les soixante districts de la capitale. L'hôtel de Prusse, tenu, rue Dauphine, par le sieur Poisse, ne jouit guère d'une réputation plus favorable. Le 17 mars 1790, le même jugement le frappe, mais l'envoie, au surplus, à la prison de la Force (1) jusqu'au paiement de 100 livres d'amende et ordonne l'expulsion des filles logées à l'hôtel de Prusse, dans les vingt-quatre heures. Le délit de la femme Chaume semble moins grave. Le 21 mai 1791, elle n'est condamnée qu'à 30 livres d'amende.

Ces trois derniers jugements démontrent que la Commune suivait, à ses débuts, assez fidèlement

(1) L'hôtel de Brienne avait été, le 23 août 1780, acheté par Louis XVI pour être converti en prison. Il était composé de deux bâtiments, l'hôtel de la Force et l'hôtel de Brienne. Un ordonnance royale du 30 août 1780 les réunit sous le nom de Grande et Petite Force. La première avait son entrée au n° 2 de la rue du Roi-de-Sicile, la seconde dans la rue Pavée. La prison fut démolie en 1850. La rue Malher occupe actuellement son emplacement.

la tradition que lui léguèrent les lieutenants de police. On ne saurait dire que ce système, appliqué souvent avec sévérité, quelquefois avec la plus extrême rigueur, ait donné des résultats bien appréciables. Qu'on lise, par exemple, le *Journal* des inspecteurs de M. de Sartine (1), et on y observera, au fur et à mesure de nouveaux jugements, une progression constante dans la débauche. Qu'importe, en effet, une amende de cent livres pour un délit qui en fait gagner mille ? On prend vite son parti d'une condamnation, en somme, peu infamante, semble-t-il. Mais les lieutenants de police passent, injuriés, diffamés (2), et la prostitution demeure. Voilà ce qu'il convient de rete-

(1) Le *Journal des inspecteurs de M. de Sartine* (1761-1764) fut publié en 1863 (Bruxelles, chez Parent, in-12) par Lorédan Larchey. C'est le recueil des rapports quotidiens sur les mœurs que le lieutenant de police adressait chaque matin à Louis XV. Les anecdotes graveleuses y abondent et c'est un singulier document sur la vie des femmes galantes de l'époque.

(2) On trouve un écho de ces diffamations dans les *Mémoires* de Bachaumont (1772) : « M. de Sartine, le lieutenant de police actuel, est fort intrigué pour connaître l'auteur d'une préface qui s'est trouvée insérée dans un exemplaire du *Portier des Chartreux*, saisi à la Chambre syndicale. Ce magistrat y est traité de la façon la plus infâme ; on l'y accuse de putanisme, de maquerautage, de friponnerie, d'être le fléau des auteurs et le tyran des libraires. Toutes ces injures sont si grossières qu'elles tombent d'elles-mêmes et qu'elles ne doivent pas affliger M. de Sartine. »

nir. D'ailleurs, les événements marchent. La politique absorbe tout et c'est désormais à elle seule que va se dévouer la police.

En 1784, Elie Harel déclare qu'il y a à Paris « soixante mille filles de prostitution, auxquelles on en ajoute dix mille privilégiées, ou qui font la contrebande en secret (1) ». Soixante mille ! Et cela au temps où la main de fer de Lenoir pèse sur elles ! Que sera-ce donc le jour où la Commune se désintéressera de ces menus délits pour ne prendre part qu'à la lutte jacobine ? Le 21 mai 1791, le tribunal de police expédie encore à l'hôpital de la Salpêtrière, pour trois mois, Adélaïde Duval et Nanette Silvain, qui volèrent 12 livres à un « particulier qu'elles avaient raccroché », mais, en 1793, ce sont d'autres coupables que le tribunal interrogera.

— De quoi vivez-vous ?. demande le président du Tribunal révolutionnaire à une fille comparaissant à la barre.

Et la prostituée de répondre :

— De mes grâces comme toi de ta guillotine (2) !

L'anecdote est apocryphe, certainement, mais elle est typique. Elle indique bien les deux pôles entre lesquels évolue la société de la Terreur. A l'heure où la fureur politique atteint son apogée,

(1) Elie Harel, *Causes du désordre public*.
(2) Beaulieu, *Essais historiques sur les causes et les effets de la Révolution de France avec notes sur quelques événemens et institutions*, tome V, p. 317.

la frénésie amoureuse arrive à son plus haut point.

Dès les premiers instants de sa recrudescence, elle n'avait pas manqué d'attirer l'attention de ceux qui prétendent élaguer une société de ses vices et de ses tares. L'un d'eux, Restif de la Bretonne, puisqu'il le faut nommer, avait imaginé tout un plan de réforme pour la prostitution. Il faut s'y arrêter un instant. La chose, qui tient à la fois de la littérature et de la pathologie, s'intitule : *Le Pornographe, ou idées d'un honnête homme sur un projet de règlement propre à prévenir les malheurs qu'occasionne le publicisme des femmes, avec des notes historiques et justificatives*, et parut en 1769 (1). Après avoir constaté la multiplication des filles et avoir gémi sur les conditions mêmes de cette prostitution, Restif aborde l'étude des réformes qu'il médite d'y introduire pour le plus grand bien des femmes et le plus grand plaisir des hommes. C'est un règlement qui, aux prostituées, « procurerait leur séquestration, sans les mettre hors de la portée de tous les états, en même temps qu'il rendrait leur commerce un peu trop agréable, mais sur et moins outrageant pour la nature ».

(1) C'est à propos de ce livre qu'un critique de l'époque écrivit : « L'auteur est de tous les hommes de lettres qui sont actuellement en France, celui qui se singularise le plus par une imagination extraordinaire. Ses idées, la forme qu'il leur donne, ne sont qu'à lui. » *Annales littéraires*, tome IV, p. 345, 1770.

On ne saurait nier que c'est là un beau programme. Il ne suffit cependant point d'en avoir l'idée, il importe encore de le pouvoir appliquer. Cela, c'est ce qui manque le moins à Restif. D'abord se pose la question du lieu où les femmes seront enfermées, — enfermées? que dis-je? où on priera les femmes de bien vouloir se tenir à la disposition des hommes que le désir rend impatients et valeureux à la fois. Ces lieux, on s'en doute, seront « commodes et sans trop d'apparence », car, le titre l'a dit, il s'agit d'éviter les malheurs du « publicisme ». Là, l'imagination du romancier se donne libre cours. Ne nous y trompons pas : le *Pornographe*, c'est le roman léger et érotique de la Salente amoureuse idéale, c'est le nouveau Paradis de la luxure, la Terre Promise de la Volupté où vagabonde l'esprit frivole de Restif de la Bretonne. Là tout n'est qu'ordre, beauté, harmonie... et sécurité. On y trouvera les prêtresses de Vénus « assises tranquilles, occupées de la lecture ou du travail de leur choix ». Quel travail? Peu importe, et c'est ici à vous de faire un effort d'imagination. Des noms charmants, idylliques, pareront ces créatures idéales : l'une sera Rose, l'autre Muguet, celle-ci Amaranthe, celle-là Narcisse. Penchez-vous sur ce jardin et cueillez. Ici point de tromperie. La nature est souveraine maîtresse dans ce lieu béni, où la pommade, la poudre et le rouge sont proscrits « étant reconnu que tout cela ne donne qu'un éclat factice ».

Qu'exiger de plus de ce merveilleux et attrayant programme? Rien, sinon de le voir mis en œuvre. Ici laissez toute illusion, et dites-vous que vous n'eûtes à faire qu'à un romancier (1). Du moins, celui-ci fit-il sourire à vos yeux la charmante vision d'un paradis lointain, clair, parfumé, et c'est d'un contraste un peu brusque avec la geôle inquisitoriale, ténébreuse et justicière que demande un « ami des mœurs », Laurent-Pierre Bérenger, l'ancêtre du sénateur actuel, dans sa brochure : *De la prostitution; cahier et doléances d'un ami des mœurs, adressés spécialement au Tiers-Etat de la ville de Paris* (1). Ici on ne trouvera des roses

(1) Outre le *Pornographe*, Restif de la Bretonne publia : *La Mimographe ou le théâtre réformé* et les *Gynographes ou la femme réformée.* « Tous ces ouvrages, dit un prospectus que nous avons sous les yeux, se trouvent à Paris chés *(sic)* la veuve Duchêne, Humblot, Lejay, Valade, rue S. Jacques; Durand, rue Galande; De Hansy, Pont-au-Change; Delalain, rue de la Comédie-Française et Méringot, quai des Augustins. On peut encore s'adresser pour tous les précédens ouvrages directement chés Quilleau, imprimeur-libraire, rue de Fouarre, près la place Maubert. » C'est à propos du *Mimographe* que le critique des *Affiches, Annonces, etc.*, de mai 1770, n° 18, p. 70, reproche à Restif de la Bretonne de faire usage de mots bizarres et de néologismes qu'on ne saurait lui passer, tels : « Honester une profession, inconvénienter, désinconvénienter, sérieuser les mœurs, l'actricisme, les pièces spectaculeuses, le comédisme, le système comédismique, etc. » On serait tenté de partager son avis.

(2) Au Palais-Royal; 1789, in-8, 29 pp.

que les épines. Point de jardin orné de bosquets invitant à l'amoureux repos, mais la Salpêtrière pour toute fille qui se refusera à pratiquer un métier honorable; point de fleurs dans les beaux cheveux dénoués, mais l'interdiction aux prostituées de porter des diamants. Des mesures radicales : fermer les théâtres où le spectacle de la débauche est en faveur, le fouet aux procureuses, la prison aux femmes tenant tripot, l'interdiction des restaurants, des cafés et des tavernes aux femmes galantes, pour elles toutes un quartier spécial dans chaque faubourg, sorte de léproserie voluptueuse que  marquera le mépris public et l'indignation réprobatrice des patriotes. Sparte et ses rudes lois d'austérité civique ne sont, certes, pas pour déplaire à ces mêmes patriotes, mais ce n'est pour eux qu'une Sparte idéale et toute politique. C'est pourquoi l'ami des mœurs sera trouvé aussi utopique que le Pornographe, c'est pourquoi au lieu du paradis fleuri et de la léproserie honnie, les filles publiques de la Terreur se contenteront du Palais-Egalité de Paris. Cette morale se traduit pratiquement par : une femme dans son lit vaut mieux que deux femmes en esprit.

C'est pourquoi encore le cri de Fauchet sera

vain, c'est pourquoi l'abbé révolutionnaire prêchera dans le désert, quand il dira : « Fermez à l'instant les maisons de débauche ! Jetez dans les ateliers de basse justice les misérables créatures qui empoisonnent le crime et vendent le double venin des âmes et des corps ! Balayez toute cette crapuleuse lie de vos villes infâmes (1) ! » Pauvre Fauchet, qui se croit à Rome et imagine sauver les mœurs par la religion !

*
* *

Ce qu'était cette basse prostitution, « ce dernier gradin plongeant dans la fange, où le vice a perdu son attrait (2) », les rapports de police vont nous la montrer sous quelques-uns de ses aspects. Ici c'est la fille publique, fleur du pavé parisien, fleur vénéneuse et empoisonnée qui, brusquement, au lendemain de la première secousse révolutionnaire, éclot, s'implante, et que le règlement draconien du règne corse seul déracinera. C'est cette prostitution sans charme, sans élégance, basse, ordurière, répugnante, qui ne se rachète ni par l'éclat des parures, ni par le luxe des robes, que n'excuse ni le fard qui rend belles les femmes lasses, ni la somptuosité des harnachements des jolies bêtes à plaisir. « Des femmes publiques ont commis hier les plus grandes indécences en plain jour et aux yeux du

(1) Abbé Fauchet, *La Religion nationale.*
(2) *Le Palais-Royal ou les filles en bonne fortune,* 1826

public rue de la Corroyerie », écrit Clément, le 28 floréal (1). Inutile de raconter la scène, on la devine aisément. C'est la licence des quartiers mal famés, la licence que materait aujourd'hui la correctionnelle, mais qui, en pleine Terreur, s'épanouissait librement.

Des incidents presque identiques doivent avoir eu lieu dans les rues de la Tannerie et de la Vannerie, car on trouve cette note du 19 pluviôse qui les signale : « Les comisaires de police de la section de la maison comune devrait bien faire une revue dans les rues de la vannerie et de la tanneries aux filles publiques. Ces filles là se gennent si peu quoique tout près de la maison comune quelles font leur comerce en plaint jour au grand escandalle des bons citoyens (2). » Cela paraît inconcevable à l'inspecteur Monti, que les filles publiques ne puissent respecter l'Hôtel de ville et ses environs. Nous avons trouvé la même indignation à propos des scènes un peu libres des couloirs du Tribunal révolutionnaire. Ce commerce est, véritablement, sans respect. Il est sans crainte aussi, car, le 21 ventôse, une fille brise une bouteille pleine sur le dos d'un citoyen. Le citoyen sort grièvement blessé de l'aventure (3). On ne va pas,

(1) Rapport à la Commune; *Archives nationales*, série W, carton 124, pièce 55.
(2) *Archives nationales*, série W, carton 191.
(3) Rapport de l'observateur Béraud; *Archives nationales*, série W, carton 112 — « Toujours beaucoup de

en ces temps-là, au cabaret sans courir quelques risques.

Ces rapports de police sont quelquefois révélateurs d'incidents piquants. Rollin raconte, à la date du 16 pluviôse :

> Hier rue du Champ fleurie St. Honoré chez le marchand fruitier à lentrée par la rue St. Honoré, il y avoit un vacarme affreux. Je suis entré avec quantité de citoyens. Cétoit une femme publique qui se disputoit avec un citoyen. Ce dernier prétendoit que cette femme lui avoit volé trois livres, elle lui tenoit les propos les plus indécens. Enfin au boust d'un grand quart d'heure, le citoyen s'est en allé, et le tumulte s'est appaisée (1).

On peut se demander pourquoi la boutique du fruitier servait de champ clos à cette dispute galante? N'y avait-il pas là, au-dessus du rez-de-chaussée encombré de légumes, quelque chambre clandestine et accueillante, et cet honorable négociant ne cumulait-il pas sa profession avouée avec celle, moins publique, d'hôtelier? Ce rapport le donne à penser, et il est regrettable que Rollin n'ait pas poussé la curiosité plus loin. Son enquête nous aurait peut-être appris quelques détails pittoresques sur ces refuges secrets de l'amour errant, et au chapitre des maisons de débauche nous aurions, sans doute, pu ajouter la description de filles rue Fromenteau », dit Béraud dans ce même rapport, et parlant de la rue du Champ-Fleuri Saint-Honoré, Rollin écrit, le 16 pluviôse : « Cette rue fourmille de ces prostituées. »

(1) *Archives nationales*, série W, carton 191.

Le 19. pluviose 2.me decade de l'an
2.me de la republique

Les Comisaires de police de la section
de la maison comune devrait bien
faire une revue dans les rues de la
vannerie et de la tannerie. aux filles
publiques Ces filles la se gennent si
peu quoique tout près de la maison
comune quelles font leur comerce
en plaint jour au grand scandalle
des Bon Citoyens

Les patrouilles sont très rares la nuit
dans les quartiers qui avoisinent la
Convention et le cidevant palais royal
il serait néamoins necessaire pour la
tranquilité publique et pour la sureté
des Citoyens que les comandans des
sections donnacent des ordres pour que
les patrouilles fussent plus frequentes

Un rapport de police sur les filles publiques
(Archives Nationales.)

l'hôtel borgne masqué par une innocente fruiterie.

De jour en jour, pendant cette époque, les filles se multiplient « avec une sorte d'espérance d'impunité », dit un rapport à la Commune (1). Cette impunité, c'est à la politique dévorante et dévoratrice que les filles publiques la doivent. La Commune qui a assumé la surveillance de Paris, cette besogne que se partageaient dix bureaux sous la lieutenance de police, désarme volontiers devant la prostitution dont, au point de vue politique, elle n'a rien ou peu à craindre (2). Les suspects, les

(1) Rapport de la Commune de Paris, signé Lafosse, 28 germinal ; *Archives nationales*, série W, carton 124, pièce 30.

(2) Nous disons peu, car des rapports signalent cependant le logement des femmes publiques comme l'asile de gens suspects, témoin cette pièce, que nous avons publiée pour la première fois, dans les appendices de notre volume : *Les Femmes et la Terreur*.

DÉPARTEMENT   COMMUNE DE PARIS
DE POLICE

Le vingt neuf ventôse l'an second de la République Française une et indivisible.

RAPPORT DE LA SURVEILLLANCE DE LA POLICE

ESPRIT PUBLIC

Grande tranquillité. Beaucoup d'étrangers à Paris, dont une grande partie est recelée chés les femmes publiques et entretenues. La patience et l'espérance sont à l'ordre du jour. . . . .

LA FOSSE,
chef de la Surveillance.

(*Archives nationales*, W, c. *149, 52*).

Voir, page 63, le fac-similé de ce document.

royalistes, les contre-révolutionnaires, sans compter les filous qui sont en abondance, lui ont singulièrement compliqué la besogne. Pour ceux-là, elle néglige volontiers les filles perdues. La morale publique lui semble en moins pressant danger que la morale politique. Robespierre, un jour, semblera le lui reprocher, quand il croira que la dépravation publique est l'œuvre des contre-révolutionnaires, ce en quoi il aura tort. « Tout ce qui regrettait l'ancien régime, dit-il, s'est appliqué, dès le commencement de la Révolution, à arrêter les progrès de la morale publique (1). » Admettre cela, c'est croire que l'or royaliste salarie toutes les filles perdues de Paris ou que tout ce qui tient à la débauche est contre-révolutionnaire. Une théorie politique peut s'accommoder de cette supposition; elle ne résiste pas à un examen sérieux des faits.

Avec l'indifférence de la Commune devant ce débordement triomphal de la débauche, les appels répétés à des mesures de police des observateurs de l'esprit public font le plus singulier contraste. Il n'est pas un de leurs rapports qui ne se termine par un de ces appels à un nettoyage salutaire des rues, et Clément n'est pas seul à réclamer, en parlant d'un quartier particulièrement infesté et mis

(1) *Rapport fait au nom du Comité de Salut public par Maximilien Robespierre sur les rapports des idées religieuses et morales avec les principes républicains et sur les fêtes nationales, 18 floréal*, p. 8.

en coupe : « Il est urgent que le comm^re de police de cette section fasse enlever ce ramassy de femmes dégoûtantes (1). » Répétons-le, la Commune trouvait mieux à faire que de se préoccuper des plaintes de cette austérité jacobine.

D'ailleurs, quelles mesures auraient pu être efficaces ? Celles de *l'ami des mœurs* de 1789 semblaient trop draconiennes et trop attentatoires à la liberté qui, chez les femmes publiques, veut être respectée comme chez le plus éminent des citoyens. Plus tard, l'orage de la Terreur passé, la vieille société renaissante aux promesses pacifiques du Consulat, Restif de la Bretonnne reconnut que rien n'était possible contre la débauche publique. Lui, qui avait rêvé la réglementation idéale et chimérique, avoua l'inutilité de son rêve. C'est avec un désenchantement un peu naïf qu'il s'écria : « Après avoir soigneusement examiné nos institutions, nos préjugés, nos mariages, après avoir vu l'essai de suppression absolue de la prostitution qu'ont fait deux hommes bien différents, Joseph II, en Allemagne, et Chaumette, pro-

Chaumette,
procureur de la Commune.

(1) Rapport de la Commune de Paris, 28 floréal ; *Archives nationales*, série W, carton 124, pièce 55.

Camille Desmoulins appelant la foule aux armes dans le jardin du Palais-Royal.

cureur de la Commune, lors de la Terreur de 1793 et 1794, une conséquence fatale, déshonorante pour notre régime, s'est présentée. Malgré moi, j'ai pensé : il faut des filles. O triste vérité ! me suis-je écrié avec douleur. Quoi il faut...! J'ai recommencé mon examen : il faut... des filles ! Et je me suis rendu à l'évidence en gémissant (1). »

Vieux et presque repentant, Restif devait reconnaître que la suppression du libertinage est aussi chimérique que sa réglementation.

(1) *Catalogue d'autographes*, 13 mars 1843 ; cité par E. et J. de Goncourt, *vol. cit.* p. 235.

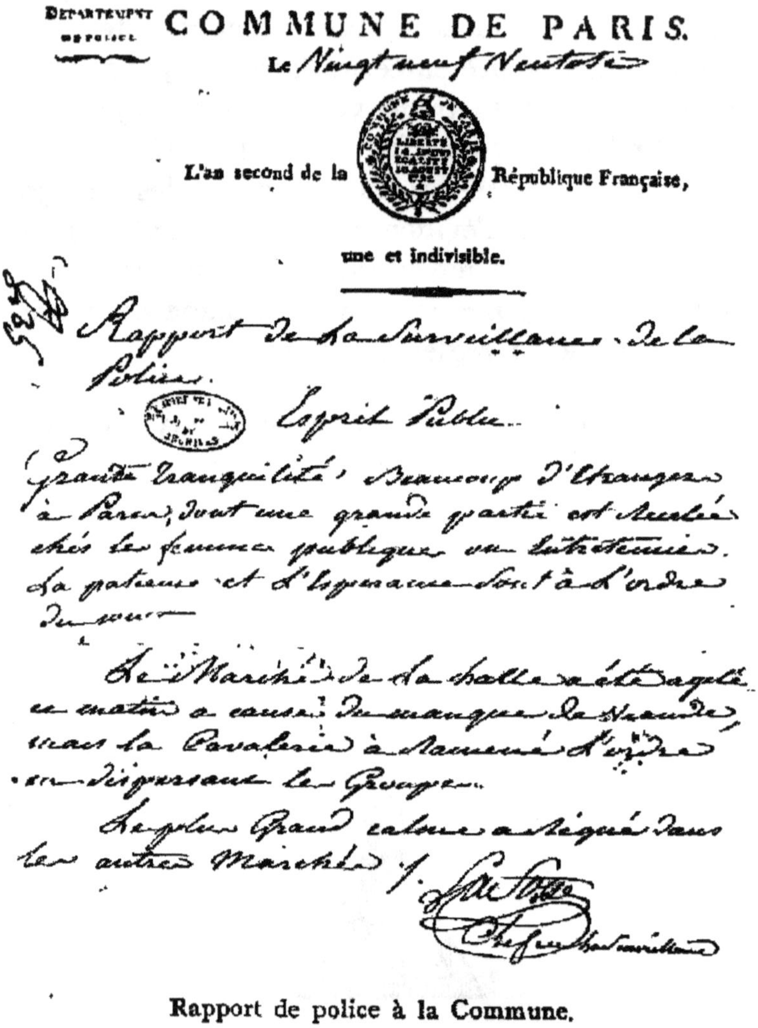

DÉPARTEMENT DE POLICE

COMMUNE DE PARIS.

Le Vingt neuf Ventôse

L'an second de la République Française,
une et indivisible.

Rapport de la Surveillance de la Police.

Esprit Public.

Grande tranquilité. Beaucoup d'étrangers à Paris, dont une grande partie est restée chés les femmes publiques ou entretenues. La patience et l'Espérance sont à l'ordre du jour.

Le Marché de la halle a été agité ce matin à cause du manque de viande, mais la Cavalerie a ramené l'ordre en dispersant les Groupes.

Le plus Grand calme a régné dans les autres Marchés.

Le Chef de la Surveillance

Rapport de police à la Commune.
(Archives Nationales.)

III

Les ci-devant poissardes. — Inconvénients de l'égalité. — Du rôle de la pipe dans les outrages au « beau sexe ». — Nouvelle manière de réprimander les acteurs coupables. — Procureuses, satyres et fruits verts.

Nous avons dit quelle merveilleuse source d'informations offraient les rapports de police de la Terreur, au point de vue de l'étude de la rue en 93 et 94. Grâce à ces observations, nous allons pouvoir reconstituer cette physionomie si particulière de la voie publique envahie par les prostituées. Dans cette comédie quotidienne, toujours diverse, quelquefois tragique, souvent curieuse, les femmes de la halle et les poissardes jouent un rôle actif. Elles ont toutes les rouerics, les rouerics de la femme et de la femme du peuple. Lors des distributions de vivres ordonnées par la municipalité dans les diverses sections, il en est qui complotent ensemble de se porter en groupe dans plusieurs endroits à la fois afin de profiter « de la distribution de porc salé qui doit se faire toute *(sic)* les décades (1) ». Le policier note par la même occasion que ces « ci-devant poissardes » avaient en leur société « un citoïen bien couvert et qui paroissoit leur faire la cour et les honorer de ses airs ». Reconnaissez que Rollin est un admirable observateur. Ce « citoïen bien couvert » ne fait-il pas deviner un aristocrate qui pousse les poissardes à ce mauvais tour d'accaparement du porc salé ? Certes, Rollin ne le dit pas ouvertement, parce qu'en bon observateur il ne note que ce qu'il a entendu ou vu, mais le ministre, lui, devinera bien la qualité de ce citoyen singulier. Cet individu fera bien de ne pas se retrouver sur le chemin de l'observateur.

Mais comploter ne saurait constituer une occupation absorbante, et les poissardes ont d'autres distractions. C'est le temps où il ne fait guère bon de sentir l'ancien régime. Le 5 germinal, une promeneuse élégante s'en apercevra. « Je vous observe citoïen que beaucoup de citoïennes ce plaigne de ce que quantité de femme vêtue sous un costume de marchande de poisson se permette dinsulter les citoïennes qui sont vêtu proprement une de cest femme hierre ses permie de dire à une de ces

(1) Rapport de police du 21 ventôse an II ; *Archives nationales*, série W, carton 112.

citoïenne accausse quel avoit un pétie bouquet de fleurs sur son bonnet quel étoient une de ces cidevant et quelle avoit toute lancollure dune aristocrate insi que plusieurs autre terme dont je ne me rappel pas. » Pauvre « pétie » bouquet de fleurs, cause de si sanglants reproches! C'est pourtant germinal, et comment le tiède mars, lourd de parfums printaniers, charriant l'odeur amère des sèves éclatant aux bourgeons, n'a-t-il pas versé au cœur de la poissarde, animée d'un beau zèle civique, la mansétude de la clémente saison? Mais le même rapport continue : « Une autre a pour suivie une citoienne lui disant milorreur de ce quel ne vouloit pas lui donner un de ces juppon en lui dissant que celui qui a deux juppon devoit en donner à celle qui nen avoit pas tous ce ci fait bien crier a près la pollice que lon dit nestre pas bien observé (1). » Egalité, on ne te croit donc pas un vain mot! Cette femme qui demande un jupon en ton nom, ne nous en dit-elle pas plus que tous les discours dont tu es le refrain des Cordeliers aux Jacobins, de la Convention nationale au Tribunal révolutionnaire? Et cette même demande n'est-elle pas bien caractéristique de l'esprit des femmes de l'époque? N'est-il pas vrai qu'elles ont cru en la promesse de la formule trinitaire, et qu'elles ne séparent pas dans leur pensée la politique de leurs parures? L'éga-

. (1) Rapport de police de l'observateur Mercier; *Archives nationales*, série W, carton 174, pièce 3.

lité n'est certes pas une excuse suffisante pour autoriser les libertés de langage et les « milorreur » dont la demanderesse émailla son langage, qu'on présume pittoresque, mais ne mérite-t-elle pas les circonstances atténuantes, cette femme assez simple pour avoir la foi, la foi qui demande? Et ici encore, dans ce rapport, le policier observe qu'il conviendrait peut-être à la Commune d'intervenir, ici encore il se plaint de ce dérèglement. Un mois auparavant, l'inspecteur Charmont a insisté, lui aussi, sur l'utilité d'une répression et d'une protection. « Les mœurs souffrent encore, disait-il, on voit partout des filles public dans la rue insulter à la pudeur des honnêtes femmes. Il paroit certain disent les honnêtes citoyens que les commissaires des sections ne font point leur devoir, car les rues sont infectés et on ne nétoye nul part. » Et il concluait de la manière habituelle : « Donc il est nécessaire de remédier très promptement (1). » Il faut reconnaître, à la décharge des poissardes, qu'elles ne sont pas seules à molester les *muscadines*.

Par une belle après-dînée, le sieur Chevalier se promène aux Champs-Elysées. En bon observateur, il se préoccupe davantage des groupes, des passants que de la clémence souriante du ciel léger, de la fuite mollement rose des nuages au ras de l'horizon vers Chaillot. Remontant vers la

---

(1) Rapport de police du 6 ventôse an II; *Archives nationales*, série W, carton 112.

barrière, il fait la rencontre d'une troupe de militaires. Ces guerriers en promenade semblaient se disputer. A peine Chevalier a-t-il pris le temps d'étudier leurs physionomies, qu'apparaît un nouveau groupe, composé cette fois de bourgeois et de militaires. De ce groupe se détache un citoyen qui approche Chevalier et lui demande s'il a vu passer des militaires.

— Oui, dit Chevalier, et il prend la peine d'indiquer à son interlocuteur que lesdits militaires doivent à peine avoir atteint la barrière.

L'homme s'apprête à regagner le groupe, mais Chevalier, estimant que toute peine mérite salaire, désire connaître « la cause de lespèce de fureur qui paroissoit dans ses gestes et dans ceux de ses camarades »

L'interpellé ne se fait pas prier et répond :

— Nous allons au Bois de Boulogne faire danser la carmagnole (Chevalier écrit : carmagnolle) à des sacrés mâtins d'aristocrates déguisés qui ont insulté nos femmes sur le boulevard des Italiens et nous ont insultés nous-mêmes.

Au mot d'aristocrate, Chevalier dresse l'oreille :

— Comment ça ? demande-t-il.

Et l'homme de continuer :

— Ces bougres-là se faisaient un plaisir de jeter une bouffée de fumée de tabac au nez de nos femmes et les poursuivaient en leur fumant sous le nez. Un de ceux qui est devant nous a secoué sa pipe dans la gorge de mon épouse qui est enceinte. Foutre! si j'avais été là, je lui aurais ouvert le crâne d'un coup de sabre et l'aurais tué sur la place; mais le sacré mâtin ne l'échappera pas!

Ayant lancé ces derniers mots d'un ton lourd de menaces, l'individu se hâte de rejoindre ses amis. Voici Chevalier fort intrigué. Suivra-t-il ce groupe, décidé aux bagarres sanglantes ou ira-t-il au boulevard des Italiens vérifier le fait de ces pipes fumées sous le nez des promeneuses? C'est à ce dernier projet, moins dangereux quant aux conséquences, qu'il se décide. Il traverse la place de la Révolution, jette un coup d'œil à la guillotine en permanence dans l'ombre de la colossale statue de plâtre de la Liberté, et par la rue Nationale, ci-devant Royale, il gagne le boulevard. On ne l'a pas trompé et il a tout le loisir de contempler un spectacle qui l'indigne profondément. « Des individus couvert dun uniforme nationalle et traînant de grands sabres armés d'une longue pipe affectoient de fumer dans l'enceinte ou les citoyennes et citoyens étoient assis quand ils s'apersevoient quils ne sen alloient pas ils alloient s'asseoir à coté d'eux les entouroient et les obligeoient en fin à sen aller. » Chevalier laisse cette singulière conduite à l'appréciation du ministre et conclut : « Je nai rien appersu de plus (1). »

Cette scène, s'il faut en croire les rapports de

(1) *Archives nationales*, série W, carton 112
Ce rapport de Chevalier débute par une note assez

police, se renouvelait assez fréquemment sur le boulevard.

« Sur le boullevart derrière le théatre de la rue favart (1), conte Le Breton, la petite pluye qui est survenu en a chassé touttes nos élégantes et nos petites maîtresses. Plusieurs déesses s'y plaignoient entre elles d'être contrariées tantot par un autre. Elles disoient que la dernière fois qu'elles y vinrent, elles furent empoisonnées par des bouffées de tabac que des canoniers leur envoyoient exprés, en étant venu s'asseoir auprés d'elles pour y fumer ; ce qui a manqué d'occasionner une rixe entre leurs maris et ces jeunes militaires (2). » Les jeunes militaires semblent d'ailleurs en prendre

---

curieuse et qui mérite d'être reproduite : « Un individu dont jygnore le nom se rend presque tous les jours dans les auberges, caffés et autres situés aux champs élisées, il y fait une assés grosse dépense et va souvent à la porte Maillot avec des femmes où je crois il couche, car très souvent les soirs une voiture de remise ou un fiacre se rend à cette porte et revient le matin à Paris. Je n'ai pu avoir d'autres renseignement sur cet homme sinon qu'il est assés souvent habillés en carmagnolle et accompagné de deux autres assés bien couvert. »

(1) Le Théâtre Italien était situé entre la rue Favart et la rue Marivaux. En 1793, il avait pris le titre d'Opéra-Comique national. Les acteurs et les pièces, malgré le titre d'Italien, étaient français. C'était l'époque où la voix de Mme Dugazon y faisait fureur La salle brûla le 25 mai 1887.

(2) *Archives nationales*, série W, carton 112.

souvent à leur aise avec les promeneuses, et les insultent sous prétexte qu'elles sont coiffées en muscadines (1).

Ce ne sont pas toujours de vulgaires comparses qui se livrent à ces plaisanteries. On signale l'acteur Baptiste cadet, du Théâtre de la République (2), comme faisant partie de cette mauvaise troupe de farceurs. C'est sur les tréteaux de la Montansier qu'il avait débuté, non sans succès, assurent les contemporains. Il excellait dans ces rôles de niais, de valets stupides et, en 1792, sa place se trouva toute indiquée aux côtes de Baptiste aîné, au Théâtre de la République. *Diafoirus* du *Malade imaginaire* était son triomphe, et si le bon goût pouvait lui repro-

Croquis de Benezech.
(1794).

(1) « Cette insulte a scandalisé singulièrement les personnes qui se sont trouvées là. » Rapport de l'observateur Bacon, 18 ventôse an II ; *Archives nationales*, série W, carton 191.

(2) C'est le 30 septembre 1792 que le Théâtre-Français de la rue Richelieu avait changé son nom en celui de Théâtre de la République. Baptiste aîné y tenait une des premières places, malgré un organe défectueux.

cher l'exagération de la charge, les applaudissements n'en étaient pas moins unanimes. Sans doute, ces lauriers comiques ne lui suffisaient pas, car voici le rapport qui le concerne, à la date du 21 ventôse (11 mars) :

> On s'entretenoit ces jours derniers dans le même caffé des excès de tout genre que de prétendus républicains ont osé commettre, ces jours derniers, sur les boulevards des Italiens. On s'étonnoit surtout que des citoyens revêtus de l'habit de cannoniers, au lieu de réprimer de pareils désordres les eussent en quelque sorte autorisés, en y prenant part, et en se distinguant même par les plus violentes provocations. On appelloit toute la sévérité des loix contre ces perturbateurs de l'ordre public et notamment contre bapthiste jeune, acteur du théâtre de la République et canonnier, qui a joué un des premiers rôles dans ces scènes scandaleuses. Quelqu'un ayant paru douter du fait, demandés-le a répondu le citoyen qui en rendoit compte, au citoyen Leroux, commissaire des guerres, témoin ainsi que moi de tout ce qui s'est passé, et à qui j'ai fait particulièrement remarquer bapthiste jeune. Hébien! a répliqué l'autre, il devroit être chassé du théâtre et j'invite tout les bons républicains à le siffler comme il faut la première fois qu'il paroitra sur la scène (1).

Baptiste cadet ne fut point chassé du théâtre et nous ignorons s'il fut sifflé à l'époque, mais pour attendre il ne perdit certes rien. Après la chute de Maximilien de Robespierre, au lendemain du

(1) Rapport de l'observateur Latour-Lamontagne; *Archives nationales*, série W, carton 112.

9 thermidor, quand la réaction traqua le jacobinisme en tous lieux, on se souvint de ses exploits familiers au boulevard des Italiens, et les maris des femmes outragées le lui firent bien voir, de leur fauteuil de parterre (1).

Ces exploits, quoique se rattachant étroitement à notre sujet, nous en ont quelque peu écarté. Avec ce que la prostitution compte à la fois de plus triste et de plus déconcertant, nous y voici revenus.

Il arrive que, de nos jours, les voies les plus élégantes de la capitale voient circuler de ces étranges et équivoques petites jeunes filles, parais-

---

(1) « Baptiste cadet fut en butte au ressentiment que le parterre fit éprouver à tous les comédiens qu'il crut attachés au parti révolutionnaire; et il lui fut impossible, pendant plusieurs mois, de reparaître sur la scène. » *Biographie des hommes vivants ou histoire par ordre alphabétique de la vie publique de tous les hommes qui se sont fait remarquer par leurs actions ou leurs écrits;* Paris, Michaud, septembre 1816, tome I, art. *Baptiste,* p. 185.

sant quelque peu moins âgées qu'elles ne le sont réellement, et dont la démarche, le sourire et le regard dénotent ce qu'elles sont en vérité.

La Terreur, qui n'a pas ignoré ce que nous nommons un peu ironiquement les *satyres* (1), n'a pas ignoré davantage ces dangereux fruits verts de la prostitution.

Pourtant, jamais époque ne se préoccupa davantage de l'enfance, de son éducation et de sa protection. Cette République, qui voulait survivre au temps où elle naquit, médita d'accaparer l'enfant et de le préparer à son rôle de citoyen. N'est-ce pas par la question : « Qu'entend-on par le mot citoyen ? » que commence le catéchisme de la constitution française du citoyen Richer ? En préparant elle-même la société de demain, la République prétend porter le dernier coup aux institutions périmées auxquelles elle s'attaque sans les vaincre entièrement. Un fils n'est plus au père, il est à la République, dit Danton (2). Cette République, au lieu de l'envoyer à la messe, le mènera à l'exercice ; lui fera oublier l'Evangile pour les droits de l'homme, cet évangile de la Révolution ; fera pour lui du confessionnal une guérite où, au

---

(1) On lit dans un rapport de l'inspecteur Prévost, à la date du 3 ventôse : « Beaucoup de ces scélérats *(qui insultent les femmes)* s'adressent à des enfants qu'ils cherchent à corrompre. » *Archives nationales*, série W, carton 112.

(2) *Journal de Perlet*, août 1793.

lieu de s'accuser de ses fautes, il veillera sur celles des autres (1). N'est-il pas prouvé que « tout se rétrécit dans l'éducation domestique, que tout s'agrandit dans l'éducation commune (2) »? Ces enfants, il convient désormais, dès leurs premières culottes, de les traiter en hommes, en citoyens. C'est de cela que s'inspire la Commune dans son arrêté qui défend aux maîtres d'école et aux parents de corriger leurs enfants d'aucune manière corporelle. Cet arrêté, on le trouve étrange et mauvais, car il est

La licence corrigée par la liberté.
Gravure extraite de la *Civilogie portative ou le Manuel des Citoyens*, almanach lyrique, Paris, chez Janet, 1790.

(1) *Journal de Perlet*, frimaire an II (novembre 1793).
(2) *Ibid.*, août 1793.

cause, dit-on, « que les enfants deviennent très méchants et poussent l'audace et le vice jusqu'au dernier période (1) ». Ce vice, nous allons le voir à l'œuvre. Trois jours après cette observation sur l'arrêté de la Commune, on trouve signalé le fait suivant : « On a arrêté hier au palais égalité, un enfant de 7 à 8 ans, prévenu d'avoir dérobé un assignat de 50 livres, on a débité à ce sujet qu'il s'est formé depuis quelque temps une bande de voleurs composée d'enfants des deux sexes, et que les passants sont tout à la fois provoqués au libertinage par les uns et dévalisés par les autres. Ce désordre, s'il existe, appelle toute la surveillance de la police (2). » Certes, il faut se défendre d'une facile exagération, mais, en la circonstance, on doit reconnaître que ce fait est loin d'être une exception. D'ailleurs, la République, qui veut assumer la charge de l'éducation des citoyens de demain, semble en exclure les filles. On n'en parle pas ou peu, si ce n'est pour les condamner sommairement aux soins du foyer. Elle oublie de leur interdire le spectacle toujours nouveau que leur offre la rue et les tentations auxquelles elle les expose. D'autre part, et ne sera-ce pas le regret de l'Incorruptible ? ce peuple de 93 et de 94 ne sera guère plus vertueux que celui de 1780 et de 1790 ;

(1) Rapport de l'observateur Rollin, 18 pluviôse an II ; *Archives nationales*, série W, carton 191.
(2) Rapport de l'observateur Latour-Lamontagne, 21 pluviôse ; *Archives nationales*, série W, carton 191.

il aura plus de liberté, c'est tout, et ne sait-on pas que la liberté fit toujours bon ménage avec la débauche?

Il n'est point de quartier qui ne soit infesté de « jeunes filles de dix, douze ou quatorze ans qui affichent la débauche la plus effrénée avec des garçons du même âge et ce en pleine rue (1) ». Plus tard, on observe encore « beaucoup de jeunes filles de dix à douze ans, même au-dessous, qui se prostituent avec des garçons du même âge. Hier le palais-égalité en étoit rempli (2) ». Sans doute, ces choses-là avaient déjà lieu en 1789, car Pierre Bérenger, — qui, lui aussi, s'élevait déjà contre la licence des rues ! — après les avoir signalées, ne trouvait d'autre remède que celui de faire donner à ces « morveuses » le fouet par la femme du bourreau (3). En 93, le bourreau et sa femme ont d'autres besognes plus pénibles à exécuter. Les « morveuses » peuvent donc aller bon train. Et elles vont, non point toujours seules, et quelquefois, comme aujourd'hui, accompagnées de leurs dignes mères, — c'est indignes qu'il faudrait écrire.

« On assure même que des mères ont l'infamie

(1) Rapport de l'observateur Rollin, 16 pluviôse an II ; *Archives nationales*, série W, carton 191.

(2) Rapport de l'observateur Rollin, 4 ventôse an II ; *Archives nationales*, série W, carton 112.

(3) Laurent-Pierre Bérenger, *De la prostitution, cahier et doléances*... déjà cit.

de livrer leurs filles à des libertins pour de l'argent (1). » Le policier lui-même semble ne point y pouvoir croire. Il se refuse à admettre, peut-être par défaut de littérature, que, pour ce genre de femmes, la mère est une procureuse donnée par la nature. Qu'ont-elles d'ailleurs à craindre? Le titre II de la loi du 22 juillet 1792 ne les rend désormais justiciables que de la police correctionnelle, et cela est moins fait pour les épouvanter que la juridiction du lieutenant de police maintenant disparue. Cette molle quiétude sera la leur jusqu'en l'an VIII, quand la Préfecture de police sera créée. Ce n'est qu'alors que commencera pour la prostitution le règne de la Terreur — de la salutaire Terreur.

(1) Rapport de Rollin, déjà cité, 4 ventôse.
Un autre rapport, de pluviôse, dit encore que l'on prétend, dans les lieux publics, que l'augmentation du traitement des députés profitera surtout aux tripots du Palais-Royal, et aux mères des petites filles qui fréquentent ces endroits (*Archives nationales*, série W, carton 191).

IV

Le citoyen « Alphonse ». — Les individus qui paraissent « déterminés ». — Une aventure nocturne à l'hôtel de Bourgogne. — Les filous autour de la guillotine. — Où on propose une mesure radicale. — Le culte de la dive bouteille.

Feu M. Alexandre Dumas fils n'inventa rien.

C'est d'ailleurs le propre des inventeurs de ne jamais présenter quoi que ce soit de neuf. Cependant, grâce à ce dramaturge, notre illusion pouvait se bercer en attribuant au second Empire ce personnage curieux qu'est M. Alphonse.

Il faut en rabattre. Depuis qu'il est des filles publiques, il est des souteneurs, et, comme la Monarchie, la Terreur eut les siens. Le titre de citoyen seul les différenciait de ces nobles gentilshommes de l'ancienne France, de ce M. de la Vallière, par exemple, que le roi honorait d'une particulière estime en la personne souple, inclinée et claudicante de son épouse.

Passer sous silence le rôle du citoyen Alphonse, c'est priver l'histoire des filles publiques de la

Terreur d'un de ses plus pittoresques chapitres. Chose digne de remarque, dans les nombreux rapports de la police secrète que nous avons eu sous les yeux, jamais la peu recommandable profession de ces individus n'est nettement indiquée, jamais un inspecteur ne s'est décidé à écrire le mot, et mille circonlocutions s'essayent à désigner les souteneurs. La plus curieuse parmi elles est assurément celle qu'emploie Pourvoyeur, à la date du 19 pluviôse an II (7 février 1794) : « des être qui non pas lair dêtre traité de citoien suivant la mauvaise mine quils ont (1). »

Il ressort des observations quotidiennes que les cafés, les petites buvettes sont le rendez-vous habituel de ces « gens à mine suspecte qui, levant fièrement la tête, paraissent déterminés (2) ». Déterminés à quoi ?. On ne sait et on néglige de nous le dire, mais on peut aisément le deviner. Il est certain que c'est en ces endroits que se préparent tous les mauvais coups qui désolent la capitale. Là encore, les prostituées retrouvent leurs protecteurs intéressés pour leur remettre la petite pension quotidienne qu'elles leur accordent. C'est principalement l'inspecteur Pourvoyeur (dont une plaisanterie puérile a fait : Pourvoyeur de guillotine) qui s'applique à signaler le danger que présentent ces cabarets mal famés. Le 19 pluviôse, il signale

(1) *Archives nationales*, série W, carton 191.
(2) Rapport de police non signé (copie), sans date; *Archives nationales*, série W, carton 124, pièce 6.

« dans la rue Macon qui donne dans la rue Saint André des Ards, un pétie bousin ou tabagie, je nay pas put remarqué le numérot de cette androit (1) ». Là se donnent rendez-vous des filles publiques et des individus sans aveu. Cet aveu, il leur est superflu de le faire; d'avance, nous le connaissons. Continuant ses promenades d'inspection, Pourvoyeur découvre, le 22 pluviôse, près de la Halle au Blé (il écrit : au blet) « deux tabagie vis à vis lun de lautres ». Les habitués du lieu ne diffèrent guère de ceux que le policier signala déjà rue Mâcon, ce ne sont, une fois encore, que « des perssonnes qui porte sur le visage de ces airs suspecte et non lair davoir d'eautre ettat que jouer aux cartte et boire (2) ». Ce public habituel compte beaucoup de jeunes gens de quinze à seize ans (3), qui sauront tenir les brillantes promesses de leurs débuts : petits poissons deviendront grands. Ne supposez point que Pourvoyeur a la manie de trouver des souteneurs dans tous les « pétie bousin » qu'il visite. Son collègue Bacon indique que « le caffé des chiens, sur le boulevard, près Audinot (4),

---

(1) Rapport du 19 pluviôse, déjà cité.
(2) *Archives nationales*, série W, carton 191.
(3) Rapport anonyme, déjà cité.
(4) Audinot, boulevard du Temple, était directeur de l'Ambigu-Comique ou Théâtre du sieur Audinot. C'est de lui que l'abbé Delille a dit : *Chez Audinot l'enfance attire la vieillesse.* Sa troupe, en effet, avait été composée au début d'acteurs de dix à douze ans. Plus tard, il les remplaça par de jeunes artistes plus âgés.

doit être surveillé », car c'est aussi un des nombreux endroits de réunion choisi par des « frippons et des gens sans aveu (1) «. Il n'y a là peut-être qu'un demi-mal, aussi longtemps que les exploits de ces individus se borneront à briser des bouteilles et à tapager dans le cabaret. Les choses deviennent plus graves quand ils se préoccupent de troubler la paix des familles, de séduire des jeunes filles et de les enlever, on présume dans quel but. Pour ce faire, ils trouvent des complices dévoués en ces mêmes hôteliers à qui les lieutenants de police menèrent la vie si dure avant 1789. Tirant en grande partie leurs revenus de la prostitution clandestine, ils ne peuvent être suspects que de la favoriser. Comment ? C'est ce que, parmi dix autres, le rapport de Monti va nous apprendre :

La nuit dernière rue Jean St. Denis une femme est venue réclamer sa fille qui était couchée avec un de ces individus qui n'ont pour gitte que les maisons de débauche. Cette citoyenne après avoir longtemps frapé à la porte la maîtresse de cette maison dite de bourgongne lui dit quelle se trompait que sa fille n'était pas couchée chez elle ce que la mère de la fille voyant elle fut chercher la garde avec un comisaire quayant fait perquisition ils trouvèrent la fille couchée au grenier dans un tats de paille ou lon lavait faitte réfugier. Lon remit la fille à sa mère qui lammena chez elle et la maîtresse de l'hôtel de bourgongne dit avec le fron dont ces sortes de

(1) Rapport du 4 ventôse; *Archives nationales*, série W, carton 112.

femmes sont capables quelle ne croyait pas que la fille fut chez elle (1).

Aujourd'hui, la loi relèverait contre le séducteur de bas étage ici mis en cause le délit de détournement de mineure. En 1794, la police ne peut que rendre la fille à la mère et laisser le citoyen Alphonse préparer un coup plus profitable. Il n'y manquera point d'ailleurs et il se fera la main en déménageant clandestinement les meubles de la chambre garnie où loge la fille qui l'entretient. C'est le vulgaire déménagement à *la cloche de bois*, si on ose dire, que signale Rollin, quand il écrit : « Tous les jours, dit-on, on déménage des chambres à l'insu et sans le consentement des propriétaires des meubles et des effets. » Sans surprise, on apprendra que « beaucoup de ces honnêtes fripons n'ont d'autre demeure que chez les filles publiques (2) ». Quand les meubles font défaut à leur déplorable activité, ce sont les mouchoirs à l'Opéra (3), les portefeuilles, les

(1) Rapport du 15 pluviôse; *Archives nationales*, série W, carton 191. Le rapport se termine par cette note : « La Comune a pris un arrêté contre les filles pubiques (*sic*) aujoud'hui jai vu racrocher par la fenêtre d'un premier rue des Etuves à droite entrant par la rue St. Martin. »

(2) Rapport du 18 pluviôse an II ; *Archives nationales*, série W, carton 191.

(3) Rapport de l'observateur Bacon, 2 ventôse an II; *Archives nationales*, série W, carton 112.

montres (1) qui sont l'objet de leurs convoitises. Ils opèrent, d'ailleurs, avec la toute puissante garantie de la sécurité, car il est bien vrai, comme l'observe philosophiquement un mouchard, que « rien ne ressemble mieux à un honnête homme qu'un coquin (2) ».

La badauderie publique est mise en coupe réglée, et les circonstances, même les plus tragiques, sont toujours bonnes aux mauvais coups.

Ce que l'observateur Rollin pense des filous.
(*Fragment d'un rapport de police.*)

Vers le crépuscule, la foule, toujours avide de lugubres spectacles, toujours prête à huer les vaincus, se dirige vers le Palais de justice. C'est habituellement l'heure où Sanson accule ses sinistres charrettes au long du grand escalier monumental de la Cour de Mai, à l'endroit où aujourd'hui le mur se pare de l'inscription : *Buvette des avocats*. Là, s'ouvrait le guichet de la Conciergerie ; là, débouchaient les longues et blêmes théories des

(1) Rapport du 18 pluviôse, déjà cité.
(2) Rapport de l'observateur Rollin, 4 pluviôse an II ; *Archives nationales,* série W, carton 191.

Les Galeries de Bois du Palais-Royal (Restauration).

condamnés ; là, sur ces marches étroites, les Girondins, les Hébertistes, les Dantonistes, les Robespierristes, Marie-Antoinette et Barnave, Lavoisier et André Chénier ont posé le pied, devant que de gravir les raides échelons montant à la charrette. Sinistres et émouvantes visions qui demeurent toujours là, présentes et vivantes, aux yeux du passant qui se souvient !

Ce spectacle des agonies, c'était là que la foule le venait chercher. Les filous n'étaient pas pour l'ignorer. Presque chaque jour, quelque volé élevait la voix, criait à la garde. Vain appel qui se perdait parmi le hurlement de la foule saluant les condamnés. « Hier, conte Rollin, cinq citoïens se plaignoient à la fois qu'on venoit de leur enlever leur montre en face du palais de justice dans la foule qui attendoit les condamnés. » Ces cinq vols déconcertent Rollin, on le devine à la manière dont il poursuit : « On auroit cru que ces cinq citoïens s'étoient entendu ensemble, car un se mit à dire qu'il étoit volé, l'autre dit, et moi aussi, enfin tout cinq répétèrent l'un après l'autre, et moi aussi. » Ne serait-ce point un coup combiné pour donner mauvaise opinion de la police ? Rollin se réserve. Naturellement, « on n'a pu découvrir les excrots (1) ».

Les mêmes exploits se renouvellent au long du

(1) Rapport du 28 pluviôse an II ; *Archives nationales*, série W, carton 191.

parcours du cortège des condamnés. Lors de l'exécution d'Hébert et de ses complices, le 4 germinal, les filous opèrent fructueusement (1). La place de la Révolution est un champ d'opération toujours fertile. La guillotine dressée sur son tréteau, la sanglante besogne, les cris d'angoisse couverts par la clameur vociférante de la *Marseillaise*, rien n'arrête les malandrins. Tous n'échappent cependant point à la police qui les guette et leur met subitement la main au collet. Ce sont alors de belles rumeurs, des attroupements qui bouchent les rues. On accourt, on se bouscule, on s'informe. Ceux qui ne savent rien renseignent ceux qui ignorent tout. C'est le temps où une information, toujours sensationnelle, même fausse, prévaut toujours : conspiration, conspirateur! C'est là le cas, le 15 prairial. Nous avons l'affaire contée dans tous ses détails :

Hier, après l'exécution des trente-deux condamnés (2), j'ai vu plusieurs citoyens se porter en foule le long de la colonnade du garde-meuble. Je me suis informé de ce qui pouvait former ce rassemblement. Un citoyen m'a dit que c'était un particulier qui avait été trouvé dans la foule étant armé d'un poignard. Je me suis alors avancé

(1) Rapport de Rollin, 4 et 5 germinal an II ; *Archives nationales*, série W, carton 174.
(2) La fournée du 13 prairial an II (3 juin 1794) comprenait les officiers municipaux de Sedan, traduits au Tribunal révolutionnaire par un arrêté du 4 floréal an II (23 avril 1794) du Comité de Sûreté générale.

vers le corps de garde de réserve près la porte de l'Orangerie, et je me suis assuré que la cause de son arrestation n'était que comme prévenu de vol de portefeuille. Je suis alors sorti du corps de garde et, dans la crainte que l'on ne crut que c'était pour toute autre cause que pour vol, j'ay dit à tous les citoyens présents que le particulier en question avait été arrêté comme filou. Le peuple alors s'est retiré avec la plus parfaite tranquilité (1).

Il n'en eût certes pas été de même si le gaillard avait été un conspirateur. Ce n'est qu'un filou, le peuple respire. Il l'a, en bâillant à la guillotine, échappé belle. Mais le spectacle des exécutions est bien attrayant. Pour lui, on oublie volontiers que la place funèbre est désormais, au même titre que les Champs-Elysées, un lieu mal famé, encombré de voleurs, de filous, de gredins de toute espèce (2). Au coin de la rue des Champs-Elysées, il est un cabaret, presque champêtre, qui, outre l'agrément de vertes tonnelles, offre celui de salles souterraines. Les filles « et leurs suppôts, la plupart des militaires (3) » n'ont pas tardé à en faire

(1) Rapport de police du 16 prairial; *Archives nationales*, série W, carton 124, pièce 11.

(2) Rapport de l'observateur Prévost, 3 ventôse; *Archives nationales*, série W, carton 112.

(3) « On assure que l'armée révolutionnaire renferme dans son sein une quantité de mauvais sujets, dont le patriotisme est l'égal de leurs mauvaises mœurs. » Rapport non signé; *Archives nationales*, série W, carton 124, pièce 6.

leur peu rassurant repaire. Quand un mauvais coup a été fait, c'est là qu'on se le vient partager en vidant force bouteilles. Le cabaretier de l'endroit a cependant des concurrences redoutables. C'est à l'entrée des Champs-Elysées une taverne du même genre, hantée des mêmes individus. Un autre endroit, signalé comme dangereux, est celui du Pont-Tournant (1). Il y a les petits marchands du pavé parisien, bonimenteurs, faiseurs de tours, opticiens de plein vent et « autres bêtises », dit le policier. Les filous sont embusqués « à examiner les curieux et les poches de ces derniers ». Tandis que le bourgeois bée au boniment du marchand d'orviétan, le tire-laine explore son gousset. Mouchoirs et montres disparaissent par un enchantement qui tient du miracle, mais on ne croit plus, en 1794, aux miracles. Force est donc de reconnaître que l'habileté des coquins est remarquable et qu'elle leur peut faire honneur.

L'inspecteur Prévost s'émeut de cet état de choses. Quotidiennement, il assiste à quelques-uns de ces exploits, et le nombre de ceux qu'il voit lui donne à penser quel doit être celui de ceux qu'il ne peut voir. Aussi, par esprit d'ordre, par mesure de salubrité publique, propose-t-il au

(1) La place de la Révolution était à cette époque entourée de fossés remplis d'eau, qui, maintes fois, lors des grandes affluences, causèrent des catastrophes. L'endroit dit le Pont-Tournant donnait accès au jardin des Tuileries.

ministre une série de mesures destinées à purger radicalement la place. Il n'y va pas de main-morte, l'inspecteur Prévost ! Ecoutez-le exposer son programme : « Il seroit bon de débarasser en entier cette place qui donne lieu à une infinité de bandits d'exercer leur art et de chasser absolument tous les marchands de vin, limonadiers, opticiens et faiseurs de niaiseries afin que la police se puisse faire plus amplement. » C'est là une mesure générale. Voici celles destinées à la compléter efficacement, au dire de Prévost : « Il seroit aussi très à propos de faire faire des patrouilles qui ne seroient pas connus des malveillans, voleurs ou filoux, notamment dans les Champs-Elisées, chez le m^u de vin au coin de la rue ditte des Champs-Elisées, et au coté opposé près la routte de Versailles chez le limonadier. » Cette dernière mesure ne sauroit être que préventive, et Prévost estime qu'une seule chose mettrait bon ordre aux déportements des filles et aux exploits des filous en ces endroits. Cette chose, il l'indique : démolir les cabarets. Après quoi « la police purgeroit en une seule nuit même de jour tous les scélérats qui habitent ce canton (1) ». On peut croire qu'on considéra en haut lieu la mesure quelque peu trop radicale. Prévost avait prêché dans le désert. Sans doute ne s'en consola-t-il point ou estima-t-il

(1) Rapport de police du 27 pluviôse an II ; *Archives nationales*, série W, carton 191.

son apostolat inutile, car, à partir de ce jour, il ne fit plus part de ses observations quant aux cabarets.

Force nous est donc de prendre un autre guide pour visiter les petits temples vulgaires où se célèbre, sous la Terreur, entre la fille publique et le filou-souteneur, le culte bien français de la dive bouteille. C'est l'inspecteur Rollin qui semble surtout se préoccuper, à certains jours, de l'ivresse publique. C'est lui qui nous va mener à travers ces vignes où zigzaguent les buveurs altérés, dans ces cabarets de faubourgs, grouillants, tumultueux. Mâcon, Bourgogne, Volnay, Pomard, Chambertin, Malvoisie, Constance, Calabre, Barsac, Sauterne, Grave, Chably, Pouilly, Beaune, honneur des coteaux de France, vous qu'on déguste dans les salons de Very ou aux tables de Venua, ici vous n'êtes point de mise !

C'est le gros vin bleu populaire qui ruisselle des lourdes bouteilles vertes dans des gosiers « sans ancêtres », c'est Meudon, Suresnes, Mesnil-Montant et la Butte Montmartre qui trouvent ici leurs connaisseurs. On discute mieux des intérêts de l'Etat et des dangers de la République devant le flacon tout poudreux encore de la poussière de juillet, de ce 14 juillet qui altéra tant de gosiers populaires. Chaque cabaret est devenu un club de faubourg avec ses orateurs, ses habitués et surtout ses buveurs. « On se plaint beaucoup qu'il existe encore des citoïens qui ne quittent point le cabaret du matin au soir, qui chantent, mangent, boivent et s'enivrent tous les jours. » C'est Rollin qui se fait l'écho de ces plaintes, sans indiquer toutefois leur source. Mais Rollin est un esprit volontiers grincheux. Ses observations ne tendent à rien moins qu'à proscrire le vin dans la République. Il compte les ivrognes dans la rue. En doutez-vous ? Ce même rapport conclut ainsi : « Hier on rencontroit dès neuf heures du matin quantité d'hommes saoûls à ne pouvoir point se soutenir. J'en ai compté sept dans ma route à dix heures du matin (1). » Germinal altère les gosiers, aussi « les ivrognes se multiplient d'une manière épouvantable, on ne fait point quatre pas sans en rencontrer (2) ».

On n'ignore généralement pas l'influence de la couleur rouge sur les taureaux. Les bonnets à poil et les carmagnoles semblent avoir sur les ivrognes cette même influence. Ils les portent à outrager ignominieusement les citoyens porteurs de cette coiffure et de ce vêtement. Après en avoir fait la remarque, Rollin cite un exemple : « Le 30 ventôse, au Louvre, un citoïen couvert d'un bonnet de

(1) Rapport de police du 21 ventôse an II ; *Archives nationales*, série W, carton 112.
(2) Rapport de police du 2 germinal an II ; *Archives nationales*, série W, carton 174, pièce 124.

poil fut cruellement insulté par un de ces hommes qui s'en ivrent tous les jours, il fut traité d'aristocrate, d'hébertiste, de chaumétiste, etc. (1). » Il est incontestable, aux yeux de Rollin, qu'un bon citoyen, même couvert d'un bonnet de poil, ne peut que se montrer extrêmement mortifié de ces injures. Ce que nous avons dit pour Pourvoyeur, répétons-le pour Rollin. L'un voyait avec raison des souteneurs en maints « pétie bousin », l'autre remarquait des ivrognes en plusieurs cabarets, sans en exagérer le nombre. Le contrôle de ses dires est facile de par les autres rapports de police que nous avons à cet égard. Bacon est témoin, le 7 germinal, d'incidents scandaleux créés par les zélateurs de Bacchus. Pour être observateur, on n'en est pas moins gourmet. Bacon, l'heure du déjeuner venu, gagne la porte Franciade, ci-devant Sainte-Denis, et s'attable, rue Claude, chez Gaillard, marchand de vin qui semble être réputé pour les menus confortables qu'il offre à sa clientèle. Il importe peu que le repas soit succulent et les vins dignes d'intérêt, ces agréments sont gâtés pour Bacon par le spectacle outrageant dont il se trouve témoin. Ce cabaret lui apparaît comme l'antre de toutes les horreurs. « Il s'y commet des indécences, se plaint-il, les propos les plus immorales y ont une force au delà de toute expression. Ni vertu, ni pudeur, ni respect, tout est oublié. » Il

(1) Rapport de police du 2 germinal an II ; *Archives Nationales*, série W, carton 174, pièce 24.

est regrettable que les plaintes de Bacon s'arrêtent là. On en est réduit aux suppositions les plus variées quant à ces propos « immorales ». Le policier quitte ce lieu avec rancœur, mais non sans le dénoncer énergiquement aux foudres administratives : « Il seroit à souhaiter que ce m^d de vins invitât ceux qui vont manger chez lui à se conduire avec la décence d'un républicain. » Et il se trouve d'accord avec Rollin pour déclarer : « De tels scandales, d'après ce qui m'a été dit, sont journaliers (1). »

La Double Ivresse, par DORGEZ.

Cette décence d'un républicain, quelle est-elle ? Est-ce cette morale publique que réclame le pla-

(1) *Archives nationales*, série W, carton 174, pièce 80.

card officiel affiché dans les endroits publics : *La Convention nationale rappelle à tous les citoyens et à tous les fonctionnaires que la justice et la probité sont à l'ordre du jour dans la République française* (1)? Est-ce la promesse : *Ici on se tutoie. Ferme la porte s'il vous plaît* (2)? Entre ces divers genres de décence républicaine, le buveur a le droit de choisir dans les cabarets de la Terreur. Mais c'est bien de cela, que la taille d'une fille serrée par un bras, le verre empoigné par la main tremblante, qu'on se préoccupe! Ce que présentent les cabarets de 93 et de 94, c'est le spectacle toujours pareil des cabarets, sous quelque régime que ce soit. Tels ils furent sous la lieutenance de M. de Sartine, tels ils demeurent sous la dictature jacobine de Maximilien de Robespierre. Autour de ces tables poisseuses, sur lesquelles ne se chantent plus les couplets gaillards et libertins d'un Vadé de bastringue, mais où se déclament les motions du club, ce sont toujours les mêmes trognes enluminées par le gros vin de France, et, seins lâchés, caracos volants, les mêmes filles publiques.

(1) Cité par M. Henri Monceaux, *La Révolution dans le département de l'Yonne*, 1788-1800, essai bibliographique ; Paris, 1890, in-8, n° 1758.

(2) Chateaubriand, *Mémoires d'outre-tombe*, tome II, p 238.

V

Court chapitre consacré aux agréments nocturnes.

Les ombres du soir tombant ne privaient pas certaines rues du triste privilège d'être le champ-clos des disputes galantes. La ténèbre des voies mal éclairées aidant (1), les filles publiques avaient beau jeu pour vider sur le pavé leurs querelles.

Au début de pluviôse, devant leur insolent envahissement, la Commune avait jugé utile de prendre quelques mesures. Mais, la première alerte

---

(1) On lit dans un rapport de l'inspecteur Latour-Lamontagne, à la date du 26 pluviôse an II (14 février 1794) : « Ce soir l'obscurité était si profonde sur les boulevards qu'on se heurtait à chaque pas les uns sur les autres et que plusieurs personnes en tombant ont été grièvement blessé. » *Archives nationales*, série W, carton 191.

La belle Fulgence cherchant une Niche

passée, la vie scandaleuse des prostituées n'avait pas tardé à recommencer, au grand détriment du sommeil des paisibles bourgeois. Le 7 pluviôse (26 janvier), Monti note : « Sur le minuit au coin de la rue Jean S‍t Denis et celle de S‍t Honnoré elles ont fait un tapage désordonné en se battant et en criant à la garde (1). » Et la garde accourue trouva nécessairement la nichée envolée dans la nuit.

Ces mêmes rapports nous montrent que la tâche des observateurs de l'esprit public ne s'arrêtait pas avec le jour. Rollin que nous avons vu à l'aube compter les ivrognes rencontrés au hasard de sa route, Rollin lui-même erre en quête de nouvelles après la sortie des spectacles. Celles qu'il rapporte ne sont peut-être pas, mon Dieu, d'un intérêt particulièrement sensationnel, mais la manière, cette manière, qui sauve tout, dont il en donne connaissance est certes des plus piquantes. Ce rapport ne nous apprend guère grand'chose sur la vie nocturne du Paris de la Terreur, mais il nous initie, par contre, à la manière d'opérer des policiers de l'époque, au soin, véritablement remarquable et exagéré, qu'ils apportaient à relater le moindre fait. Voici donc le rapport de Rollin, du 1‍er ventôse (19 février) :

Hier on a donné au spectacle de la République (2)

(1) *Archives nationales*, série W, carton 191.
(2) Lisez : Théâtre de la République.

Epicharis et Néron (1), pièce digne des plus grands éloges. En sortant je vis devant moi un citoïen de 5 pieds 6 pouces au moins qui donnoit le bras à deux citoïennes qui m'ont paru être les deux sœurs. Elles étoient habillées en pierrot (2) de toille d'orange fond brun, et lui en carmagnole d'espagnolette grise. L'ainée des deux femmes lui dit, (parlant de je ne sais qui) : « Elle m'a assuré qu'elle tenoit club chez elle, qu'on l'avoit fait présidente et son mari secrétaire. » Le citoyen lui répondit : « Je sais qu'elle reçoit beaucoup de monde chez elle la nuit et j'ai entendu dire que c'étoit une espèce de confrérie. » C'est tout ce que j'ai pu entendre. J'ai suivi mes citoïens. Le mâle a quitté ces femelles rue Sainte Marguerittе et s'est arrêté pour les voir aller. J'ai suivi les citoïennes : elles sont entrées dans une rue qui fait face à l'abbaye, faub. St. Germ. *(ain)*, chez le charcutier, elle avoient le passepartout de l'allée (3).

Ce morceau n'est-il pas admirable ? Rollin observe la taille du spectateur, il l'évalue avec assurance, il décrit son habit et celui de ses compagnes, note les propos les plus inutiles et remarque que les femmes (il dit : femelles) ont le passe-partout de l'allée !

Ces détails sont vains, superflus, il ne l'ignore

(1) *Epicharis et Néron*, tragédie de Legouvé. Ce fut cette pièce que joua Talma au Théâtre-Français, le soir du 9 thermidor.

(2) « En panier, la coquette la plus légère avait l'air d'une matrone ; en pierrot, la plus sévère matrone eut l'air d'une linotte. » *Souvenirs du baron de Frénilly, pair de France (1768-1828)*, publiés avec introduction et notes par Arthur Chuquet ; Paris, 1908, in-8.

(3) *Archives nationales*, série W, carton 112.

pas, sans doute, et nous le savons bien, mais il prend soin quand même, par probité professionnelle, de les faire connaître. Aujourd'hui, un siècle écoulé, il nous restitue le petit tableau pittoresque de cette nuit de ventôse où le vent aigrelet de février fait grincer les girouettes. Nous voyons ce citoyen de « 5 pieds 6 pouces au moins », nous connaissons la couleur de son vêtement, nous le suivons avec Rollin, tandis que, d'un pas dégagé, une femme à chaque bras, il regagne son logis de la rive gauche. Et nous nous disons alors que la peine du policier ne fut point tout à fait inutile, puisque, d'un chiffon poudreux et froissé, sa précision a fait lever ce petit tableau d'une nuit de la Terreur.

Ces visions familières, elles abondent dans les rapports de la police secrète. Une ligne au hasard fixe la physionomie d'une heure qui semblait à jamais perdue pour l'histoire, et ce serait, pour le curieux du passé, le plus animé, le plus mouvant des cinématographes que de les feuilleter. Mais le cadre de notre sujet nous condamne à plus de brièveté et force nous est de ne suivre les observateurs que dans ce que notre sujet autorise.

Les maisons de rendez-vous — autre chose que les temps modernes n'eurent point le... mérite d'innover ! — les maisons de rendez-vous sont, elles aussi, l'objet d'une surveillance spéciale. La nommée Blondi tient, au coin de la rue de Seine et du boulevard Saint-Germain, un établissement de ce genre. Il semble très fréquenté, s'il faut en croire l'observateur Béraud, qui assure, en outre, qu'elle était « connue cidevant pour être un repaire de débauches ». Maintenant, comme chez beaucoup de femmes publiques ou simplement entretenues, des gens suspects y cherchent un refuge. Puisqu'ils doivent se cacher, ils préfèrent s'y résoudre en galante compagnie. Le soir venu, ils sortent vaquer à leurs affaires ou prendre l'air, plus simplement. Cela Béraud n'a pas été sans le remarquer. « Il serait bon de les surveiller », écrit-il. La même animation signale la maison de la femme Blondi pendant la journée. Des filles publiques y mènent le client de rencontre. C'est un va-et-vient continuel à la faveur duquel des projets peu rassurants pourraient être mis en œuvre. Au surplus et afin qu'on soit bien édifié, qu'on sache que « le jour, chaque Lais, et surtout à la sortie des spectacles, y conduit sa dupe (1) ». Et cela a lieu dans un Paris qu'on représente terrorisé, épouvanté, claquemuré chez lui; dans une ville qu'on dit être fumante du sang des hécatombes; livrée au pillage des sans-culottes, à la fureur des factieux. Ce Paris-là, c'est celui qu'on imagine peut-être à Londres ou sur les bords du Rhin, en terre germanique, dans l'armée de Condé. C'est le Paris qu'évoquent les émigrés, les bandes royalistes re-

(1) Rapport de police du 22 pluviôse an II (10 février 1794); *Archives nationales*, série W, carton 191.

vêtues de la casaque prussienne ou de l'uniforme britannique, mais ce n'est point le Paris dont des rapports, qui n'attendaient rien de la postérité, nous offrent l'image vivante, grouillante, réelle. Ce Paris révolutionnaire, ce Paris de la Terreur n'a rien qui le distingue du Paris de 1789. Ses cabarets regorgent toujours de buveurs, ses maisons de débauche de libertins, ses rues de filles publiques. Il est gai, animé, tumultueux, grisé de liberté, éperdu d'amour devant toutes les promesses complaisantes de la chair vénale. Il s'abandonne à la volupté énorme qui enivre la ville, la fait bondir comme une grande bête luxurieuse, les flancs secoués par un grondement de forge, et la couche, au matin, lasse, fourbue, efflanquée, au pied de sa nouvelle déesse : la Guillotine.

LIVRE II

Le Palais-Égalité ou le Jardin des Plaisirs

I

Du grand cardinal au prince régicide. — Palais, cirque, boutique, club. — La manifestation du roquet travesti. — Au soleil du 14 juillet. — « Attention ! il y a des filles et des filous ou avis à nos frères des départements ! »

On ne saurait rien rêver de plus étrange et de plus déconcertant que le destin du Palais-Royal. Dans ces galeries sonores, dans ce jardin désert et désolé, qui songe à évoquer le passé glorieux et tumultueux de ces bâtiments à la noble ordonnance, de ces portiques qui attestent ici la grâce française du siècle disparu ?

Dressé face au Louvre, avec ses colonnades, ses murs armés de proues marines, — souvenirs de la Rochelle, — ses jardins, ses portiques, il était digne véritablement du cardinal qui l'édifiait à sa gloire. Et la France était là, mieux que dans le Louvre austère où se claquemurait la royauté.

> Non, l'univers entier ne peut rien voir d'égal
> Aux superbes dehors du Palais-Cardinal!

Ces vers de Pierre Corneille, dans le *Menteur*, nous disent ce qu'était cette résidence ministérielle. Là, pour la première fois en France, Richelieu avait fait élever une salle de théâtre stable, avec des machineries jusqu'alors inconnues. C'est là que le 17 février 1673, Molière devait jouer pour la dernière fois la parade du *Malade imaginaire*. Moins d'un siècle plus tard, le théâtre brûlait, la flamme emportant dans son tourbillon le tréteau où râla le Comique. La nouvelle salle, bâtie par Moreau, ne devait pas connaître de longs destins. Le 8 juin 1781, l'Opéra où triomphait le chevalier Glück flambait. C'en était fini désormais des Muses tragiques au Palais-Cardinal; le Palais-Royal n'allait plus abriter que des nymphes.

Richelieu mourant l'avait légué, ce palais, à ce Louis XIII qu'il tint en tutelle et qu'il entraîna avec lui dans les froides ténèbres de la mort. Ce devait être, en 1692, le magnifique présent offert par Louis XIV à Monsieur, son frère, avec qui la famille d'Orléans allait entrer en maîtresse dans

(1) L. Augé de Lassus, *vol. cit.*, p. 71.

Le Palais-Cardinal sous Richelieu.

ces salons lourds d'or encore éclatant, ornés de peintures fraîches toujours dans l'austérité de leur mythologique théorie. Une fois encore le nom des bâtiments devait changer, au lendemain de Varennes, et proscrire le mot Royal au bénéfice de celui d'Orléans (1). C'était désormais la demeure de celui qui, prince, allait du haut des bancs de la Convention faire tomber l'arrêt régicide sur le cou de Louis XVI.

Si l'ombre du grand cardinal revenait en cette année 1789, avec quelle surprise indignée ne parcourerait-elle pas ces galeries, ces couloirs, témoins, autrefois, de son faste épiscopal?

Dans ce lieu grouillant, et déjà mal famé, reconnaîtrait-il ce Palais-Cardinal prostitué, avili, déshonoré où un cirque offre, dans le jardin, ses parades, et des marchands braillards leurs étalages dans les galeries?

Car il en est ainsi. Moyennant d'énormes redevances, le duc d'Orléans a consenti à cet envahissement de boutiquiers.

Quand il s'en est, un jour, à Versailles, au petit lever, ouvert au roi, Louis XVI lui a dit : « Vous allez donc tenir boutique, mon cousin? » Et, raillant, avec cette lourdeur un peu commune qui lui fut propre : « Sans doute, ne vous verra-t-on plus que le dimanche? »

(1) Prudhomme, *Les Révolutions de Paris*, n° 102.

C'est une plaisanterie qui touche peu le prince. Ses besoins sont énormes, son luxe quasi royal. Ses écuries lui ont coûté 300 000 livres (1), — il est vrai que l'argent a été fourni par son père, — ses collections de tableaux, de médailles, de camées ont absorbé des sommes folles; aussi n'est-il pas fâché de tirer de gros revenus de ces galeries jusqu'alors abandonnées à quelques promeneurs privilégiés.

Avec la boutique, le lupanar fait son entrée au Palais-Royal. On peut dire que le prince l'y encourage. Le comte d'Artois est un des fidèles du lieu. Il y promène la Duthé, sous prétexte de concerts d'amateurs, mais les filles publiques du Colysée ont bientôt plus d'attrait pour lui que la musique. Enfin, lui-même, le tenancier de cette énorme boutique où se trouve même la chair vénale, lui-même ne jouit-il pas de la plus détestable réputation de libertin qu'il soit possible d'imaginer ? « Ses turpitudes

Philippe-Égalité.

(1) « Reçu la somme de 100.000 livres pour solde et parfait payement des trois cent mille livres que M. le duc d'Orléans, notre très honoré père, s'était engagé de nous payer pour la construction de nos écuries rue Saint Thomas du Louvre » (1780). *Catalogue d'autographes Étienne Charavay*, janvier 1888, n° 190.

à Berne (lors d'un de ses voyages) révoltaient jusqu'aux prostituées qui s'y abandonnaient, écrit Montgaillard; il restait parfois cinq jours enfermé dans l'établissement de bains appelé La Matte et se livrait à tous les excès que peuvent enfanter le cœur le plus corrompu et l'imagination la plus dépravée. Paris retentissait journellement de ses débauches (1). »

Aussi, dès les premiers troubles où le prince, par haine d'une cour qui lui est hostile et ne lui épargne aucun dédain, par haine surtout de Marie-Antoinette, son ennemie personnelle et qui l'accable de traits acérés, par haine enfin des Bourbons puisqu'il est Orléans, a joué un rôle occulte et efficace dans l'émeute; dès cet instant, il n'aura d'amis que ce que la cour compte d'adversaires.

Le *Petit Gautier* donne la mesure des attaques royalistes dont il est l'objet. On ne doit pas s'étonner d'y lire :

Depuis quelque temps la santé de M. le duc d'Orléans devient très mauvaise. Ses pustules le font beaucoup souffrir. Vendredi dernier, Son Altesse passa une très mauvaise nuit. Il éprouva des démangeaisons au cou, et eut même un peu d'esquinancie ; mais on espère qu'il sera bientôt quitte de cette incommodité, par les soins du docteur Guillotin (2).

(1) Comte de Montgaillard, *vol. cit.*, p. 79
(2) *Journal général de la cour et de la ville* (connu sous le nom de *Petit Gautier*), 3 avril 1792.

Cette « guérison », il la connaîtra en 1793, alors que la charrette de Sanson le mènera, le 15 brumaire (6 novembre), place de la Révolution, et ce n'est qu'à cette dernière heure, à l'aspect de son palais où s'accroche l'écriteau : *Propriété nationale*, qu'il a un sourire de mépris pour cette canaille qu'il flatta. Au seuil des portes de fer du palais, la foule des prostituées peut regarder passer son cortège sans étonnement et sans joie. Elle n'a pas attendu cette heure pour régner en maîtresse dans les galeries et le jardin.

Le 15 septembre 1792, la Commune avait arrêté :

Sur la demande de Louis-Philippe Joseph, prince français ; le procureur de la Commune entendu ; le Conseil arrête :

I. — Louis-Philippe Joseph et sa postérité porteront désormais pour nom de famille : *Egalité*.

II. — Le jardin connu jusqu'à présent sous le nom de Palais-Royal s'appelera désormais : *Jardin de la Révolution*.

III. — Louis-Philippe-Joseph Egalité est autorisé à faire, soit sur les registres publics, soit dans les actes notariés, mention du présent arrêté ;

IV. — Le présent arrêté sera imprimé et affiché.

Philippe-Egalité a répondu :

Citoyens,

J'accepte avec une reconnaissance extrême le nom que la Commune de Paris vient de me donner ; elle ne pouvait en choisir un plus conforme à mes sentiments et à mes opinions. Je vous jure, citoyens, que je me rappelerai sans cesse les devoirs que ce nom m'impose et que je ne m'en écarterai jamais.

Je suis votre concitoyen,

[signature]

Le 16 brumaire a fait du *Jardin de la Révolution* le *Jardin Egalité.*

*	*	*

C'est le cœur de Paris. Sur son mouvement se règle celui de la ville. Le mot d'ordre vient du Palais-Egalité ; l'insurrection aussi. Sous l'incendie du soleil de juillet, un jeune homme de Guise monte sur une chaise, bégayant, tremblant d'enthousiasme. Cette voix inconnue appelle aux armes et Paris prend les armes. Le siècle retentit encore de la chute de la Bastille. De ce jardin plein de poussière, de cris, de fureur civique, la jeune Révolution sort, de vertes feuilles à la main. De cette branche arrachée aux arbres du jardin de Richelieu, elle salue la ville et la ville est à elle. Temps de magie et de miracle ! Qu'elle paraisse, les cheveux aux vents, cette jeune déesse, et le grand cœur de Paris bondira vers elle dans une allégresse sans pareille. Mais elle, elle n'oublie pas le jeune homme qui l'évoqua, la jeta, pantelante et éperdue, à cette foule secouée, elle le prend par la main, l'entraîne, le pousse à la guillotine et le hausse à l'histoire. A cette heure, Camille Desmoulins a incarné le plus tragique instant de la vie française. Quatre-vingt-quatorze peut l'oublier puisque les siècles s'en souviennent !

L'obscur demain a grouillé, raillé, vociféré, ici, dans ce Palais-Royal qui lui a été abandonné. En 89, on a promené sous les galeries de bois un roquet costumé en noble, chapeau sur le museau, épée aux flancs. A la queue, le chien traîne un écriteau et l'écriteau proclame, gouailleur et irrévérencieux : *Je ne suis pas noble, mais je m'en fous!* Et n'est-ce pas significatif dans ce lieu, dans cette propriété du prince qui jettera à l'oubli le blason d'Orléans pour prendre ce nom d'Egalité, nom hier sans histoire encore ? A cela, le Palais l'a bien préparé. Nouvellistes, gazetiers, charlatans, badauds, tout ce qui piétine ici ne parle que de révolution, de réforme, de progrès, de liberté. Ici se sacrent les héros du jour, les Necker, et se traquent, pour être traînés aux gémonies populaires, les d'Epresmesnil. Cela prend forme dans le cabinet de cires de Curtius, sous les galeries. Des bustes perpétuent des images chères au cœur de la foule. Les curieux, les flâneurs s'y portent admirer la lourdeur un peu massive du Genevois chéri, le profil ennuyé et condescendant du maître du Palais. Au lendemain du coup de couteau de la jeune Normande illuminée, le masque tragique de Jean-Paul Marat y sera salué par une lamentation imprécatoire. Curtius est patriote; il enverra, plus tard, des offrandes patriotiques de 220 livres à la Convention (1), il aura l'honneur de la raillerie royaliste. Quand paraîtra le *Nouveau Dictionnaire français à l'usage de toutes les municipalités, des milices nationales et de tous les patriotes, composé par un aristocrate, dédié à l'Assemblée dite nationale, pour servir à l'histoire*

Le cabinet de Cires de Curtius.

(1) Séance de la Convention nationale du jeudi 27 juin 1793; présidence de Collot d'Herbois; *Archives parlementaires de 1787 à 1860*, 1re série, tome LXVIII, p. 542; *Archives nationales*, carton C 257, chemise 519,

de la Révolution de France (1), un plaisant du même acabit se souviendra de la faveur du cabinet de Curtius pour publier le *Supplément au Nouveau Dictionnaire français ou les bustes vivants du sieur Curtius distribués en appartements* (2), Curtius, c'est une des attractions du Palais-Royal où cependant elles ne se comptent guère, que ce soient les « sérails » ou les tapis verts des salons hospitaliers.

Dans ce centre de l'activité parisienne, tout afflue. Aux yeux de la France et de l'Europe, Paris c'est le Palais-Royal. Point d'étranger qui n'arrive dans la capitale sans qu'aussitôt ses pas se dirigent vers cette foire. Car qu'est-ce, sinon une foire, ce vaste étal où tout se vend, où tout s'achète, où tout s'échange ? Pour la politique, voici les libraires avec leurs pamphlets, leurs libelles, leurs livres du jour ; pour les gastronomes, voici les tables servies chez Very, Beauvilliers, les Frères Provençaux ;

---

pièce 14 ; *Procès-verbaux de la Convention*, tome XIV, p. 346.

(1) En France, d'une imprimerie aristocratique, et se trouve à Paris, au manège des Tuileries ; au Club des Jacobins ; à l'Hôtel de Ville ; chez le général Motier ; chez les présidents des districts ; dans les départements ; chez les quarante-quatre mille maires ; juin 1790, in-8, 72 pp. — Cette même année parut une nouvelle édition du pamphlet royaliste en 136 pp.

(2) De l'imprimerie du sieur Motier, et se trouve chez Mme Bailly, rue Trousse-Vache ; Paris, 1790, in-8, 32 pp.

pour les libertins, voici le troupeau jacasseur des filles, la Volupté qui mène, par les galeries pleines de rumeurs, ses impudiques cortèges; pour les joueurs, la promesse d'une « jolie société » que vous glissent les rabatteurs, les tables de trente-et-un, la roulette, les cartes sur un monceau d'or.

C'est la tentation parée, fardée, armée.

Bien peu y résistent. Ce n'est pas impunément que le cerveau est assailli par tous ces parfums de corps à moitié dévêtus, ces odeurs de chairs tièdes maquillées, ces fumets de cuisines béantes où flambent les foyers flanqués de volailles et de gibiers. La tête tourne bientôt parmi les cris des agioteurs spéculant sur les assignats; les piaillements des « nymphes » disputant avec l'amateur de beautés de second choix; les appels des bonimenteurs vantant la découverte du jour; les hurlements des porteurs de journaux offrant la *Liste des gagnants à la loterie de Dame Guillotine*, ou croassant, au lendemain de l'exécution d'Hébert, le pamphlet ordurier que sont les *Lettres bougrement patriotiques de la mère Duchêne!* Et tout cela s'agite dans une fièvre, dans un besoin de bruit, de tapage, de scandale. Cela hurle, insinue, invective, promet, injurie, raccroche.

Si la chair de l'habitué de ces lieux est faible, que penser, de celle de l'étranger que la renommée du Palais y attire? Pour le prévenir, le mettre en garde, la municipalité n'a pas attendu l'apogée de la Terreur, les jours où la débauche sera au

Un pamphlet politique.

Palais-Egalité comme dans une forteresse, et en fera le lieu intenable d'une exhibition continuelle (1). A l'annonce de la fédération de 1792, le Palais-Royal, ses filles, ses filous, ses croupiers ne se tiennent pas d'aise. De tous les départements arrivent les députés de province que des femmes assaillent aux barrières sous prétexte de leur offrir le bouquet de la bienvenue (2). La municipalité a dû prendre un arrêté pour mettre fin à ce racolage non déguisé. C'est aussi l'instant où elle songe à crier, aux frères et amis des départements que le Palais-Royal attire : « Attention! il y a ici des filles et des filous! » Sans doute ne le dit-elle pas aussi crûment, mais il n'y a pas à s'y tromper. Qu'on lise l'affiche où elle placarde son arrêté à tous les coins de rue, et jamais meilleure descrip-

(1) *Discours de M. le procureur général Dupin sur le luxe effréné des femmes ;* séance du Sénat du jeudi 22 juin 1865; Paris, Dentu, 1865, in-8, p. 28. La même brochure contient le *Rapport sur la prostitution*, par M. Goulhot de Saint-Germain, sénateur. Une réponse à ces deux discours parut sous le titre de *Vive le luxe, la comédie de Monsieur Dupignac, réponse à Monsieur Dupin par une grande dame et une petite dame;* Paris, chez tous les libraires, 1865, in-8, 47 pp. Une note manuscrite sur l'exemplaire que nous possédons, l'attribue à Hippolyte Barbou.

(2) Voir le fac-similé que nous donnons, page 119, de l'affiche de la municipalité de Paris à cette occasion. L'original faisait partie de la belle collection de documents et curiosités révolutionnaires de feu M. Paul Dablin.

tion ne sera faite du Palais-Royal, et jamais plus virulent réquisitoire ne sera dressé contre « le jardin-lupanar où se tient le grand marché de la chair (1) », C'est le texte dans son intégralité qu'il faut lire :

Le Conseil, craignant les pièges qui sont tendus sous vos pas ;

Au Palais-Royal, dans ce lieu qui fut le berceau de la Révolution, le rendez-vous constant des patriotes pendant longtemps ; dans ce lieu charmant où le plaisir va vous attirer, il existe des repaires affreux, où, sous l'espoir d'une fortune incertaine et balancée par la ruse, des brigands vous attirent ; où des femmes, se prostituant pour mieux servir leurs complices, vous enchaînent sous les verrous de trois épaisses grilles de fer, au milieu des poignards ; à chaque porte de ces tripots, où les malheureux étrangers, heureux encore de n'y pas perdre la vie, laissent sur une table à la merci des fripons qui l'entourent, leur fortune, des hommes gagés pour ce métier infâme se promènent et vous invitent à monter pour une jolie société.

On vous distribuera des cartes pour des concerts, pour des clubs ou des festins agréables. Rejetez, repoussez loin de vous ces appels dangereux.

Vos parents, vos épouses vous ont envoyés au milieu de nous pour célébrer la fête de la liberté conquise, pour vous préparer encore à la défendre ; que ces jours ne soient pas empoisonnés par des regrets.

Si les magistrats du peuple, malgré leurs efforts, ne peuvent détruire complètement ces cavernes affreuses, au moins ils auront rempli un devoir en vous les indiquant.

Les administrateurs de la police,
PERRON, VIGNER, SERGENT, PANIS.

(1) E. et J. de Goncourt, *vol. cit.*, p. 223.

Mais cet avertissement ne serait-il pas, comme tous les avertissements, inutile et vain ? Pauvres petits papillons de province, étonnés et naïfs, vous viendrez ici vous brûler les ailes, vous meurtrir à jamais. Au fond de vos villages de France, perdus dans les montagnes, couchés dans les plaines, vous rapporterez un cœur désormais endolori, une illusion à jamais désespérée. Vos rêves paisibles d'autrefois, les cauchemars agités d'aujourd'hui les chasseront. Vous aurez, de ce palais damné et magnifique, emporté la vision du luxe, de la richesse et de la volupté, et vous n'aurez pas songé que, sur ce théâtre où la vie publique de Paris se montre en spectacle et rit à sa farce, tout est faux comme des paillons, que ce luxe cache la filouterie et que cette volupté masque la prostitution.

Telle la vie du Palais-Egalité, jardin de tous les plaisirs, se perpétuera sous les différents régimes. La chute de Robespierre et la défaite jacobine n'auront ici qu'un écho vite éteint, écho dont il ne restera que le couplet outrageant d'un gazetier, que des lèvres indifférentes fredonneront un jour ou une semaine parce qu'en se promenant, la badine d'incroyable entre les doigts, le jabot plissé largement étalé, il faut bien fredonner quelque chose, ce quelque chose fût-il, comme le dit Montgaillard, le « coup de pied de l'âne vicieux » au régime écroulé :

> Embrassons-nous, chers Jacobins ;
> Longtemps je vous crus des coquins

MUNICIPALITÉ
DE PARIS.

DÉPARTEMENT DE POLICE.

DE PAR M. LE MAIRE,
M. LE LIEUTENANT-DE-MAIRE
ET MM LES CONSEILLERS-ADMINISTRATEURS.

Du Mercredi 7 Juillet 1790.

LE Département de Police, informé que des Femmes se rendent, en grand nombre, aux Barrières pour offrir des bouquets aux Députés des Provinces que la Fédération amène dans la Capitale, & qu'à force d'instances & d'importunités, elles les contraignent à recevoir leurs bouquets & à leur faire des largesses.

Considérant que, s'il est permis à tous les bons Citoyens d'exprimer le plaisir qu'ils éprouvent en voyant les Membres de la Famille Nationale se réunir autour de l'Autel de la Patrie, il seroit aussi contraire au bon ordre, qu'à l'honneur de la Capitale, que ces démonstrations de joie couvrissent des vues intéressées, & qu'on levât réellement une contribution en paroissant ne présenter qu'un hommage de fraternité.

Ouï & ce requérant le Procureur-Syndic de la Commune,

Fait défenses à toutes femmes Bouquetières ou autres de contraindre, par des importunités qui que ce soit à recevoir des bouquets, soit aux Barrières, soit dans l'intérieur de la Capitale, mande au Commandant-Général de la Garde Nationale, invite & autorise les Comités des Districts à tenir la main à l'exécution de la présente Ordonnance qui sera imprimée & affichée.

Fait à l'Hôtel de Ville, le 7 Juillet 1790.

Signé *Bailly*, Maire, *Du Port*, Lieutenant-de-Maire, *P. Manuel*, Conseiller-Administrateur.

B. Cl. Cahier, Procureur-Syndic Adjoint de la Commune

De l'Imprimerie de LOTTIN père & J.-R. LOTTIN, Imprimeurs-Libraires Ordinaires de la Ville, rue S. André-des-Arts, N° 27, 1790.

Affiche de la municipalité, 7 juillet 1790, invitant
les citoyennes à ne point importuner les députés par
l'offrande de leurs bouquets pour la fête de la Fédération.

(Collection feu Paul Dablin.)

Et de faux patriotes,
Je veux vous aimer désormais ;
Donnons-nous le baiser de paix :
J'ôterai mes culottes (1) !

Ce couplet de Martainville aux lèvres, le Palais-Egalité sera prêt pour la pourriture de Directoire.

Il faut nous arrêter au Palais-Egalité de la Terreur. Les filles, les joueurs et les gastronomes de l'époque suffiront à l'agrément et au pittoresque de ces pages. Avec les observateurs de l'esprit public, nous pouvons nous mêler à leur foule bariolée, tapageuse et enfiévrée. Mais, au seuil de cet enfer de la luxure digne d'un nouveau Dante, de ce paradis de la fille et de l'escroc, vous qui nous suivez, laissez ici toute pudeur.

(1) *Journal des Rieurs ou le Démocrite français*, n° 6, an III.

Assassinat de Lepelletier Saint-Fargeau au restaurant Février
(20 janvier 1793).

II

Le jardin-lupanar. — Nymphes, odalisques et dames du monde. — Quatre femmes pour cinq livres ! — De Sodome à Cythère. — L'allée des Soupirs. — Les rafles. — Du rôle de la politique dans la prostitution.

Des centaines de filles, de neuf heures du matin à trois heures de la nuit, empanachées, peintes, fardées, battent l'estrade sous les galeries du Palais-Egalité : « Paris, c'est la femme qui le fait Paris. Une odeur de femme l'emplit et grise les cerveaux provinciaux (1). » Le Palais-Egalité, c'est la fille publique qui le fait, et c'est elle, elle seule, qui y règne avec une souveraineté incontestée. La luxure n'est point ménagère ici de ses chevrons, et telle coureuse de quatorze ans compte, quelquefois, autant de campagnes galantes à son

(1) Frédéric Masson et Guido Biagi, *ouvr. cit.*, tome I, p. 178.

actif que la vieille garde qui « a pu représenter autrefois une assez jolie nymphe, mais que les outrages du temps et les plâtres ont presque défigurée (1) ». Jolies ? mon Dieu, elles ne le sont guère toutes, ces odalisques et ces nymphes (2), errant de galerie en galerie, de portique en portique, mais elles ont ce charme familier, et quelque peu faisandé, des filles publiques frottées d'un faux vernis, parées d'un luxe de pacotille qui fait illusion à la lumière fumeuse des lampes du sieur Quinquet. Illusion ! oui, c'est bien cela, elles font illusion, elles qui la vendent à tout venant, elles à qui Camille Desmoulins, désireux de secouer le joug des rois, demandera de « charmer le songe de la vie (3) » aux soirs où il se sentira las de la bagarre quotidienne et où il consentira à oublier le sourire de Lucile sous la jeune verdure du Luxembourg printanier.

...Pour la beauté quel séjour est égal
A celui des remparts, et du Palais-Royal ?

demande un rimeur de l'époque. Pour ce genre

(1) *Annonces, affiches et avis divers.* La phrase s'appliquait, dans ce pamphlet libertin, à la Beauvoisin, une des maîtresses du marquis de Sade, morte en 1784

(2) « Le mot de nymphe est sans doute, au Palais-Royal, un peu trop poétique... » L. Augé de Lassus, *vol. cit.*, p. 76.

(3) Arthur Chuquet, *La jeunesse de Camille Desmoulins ; Annales révolutionnaires*, janvier-mars 1908

de beauté, en effet, nul lieu ne peut rivaliser avec ce domaine des hétaïres de la Terreur. C'est là encore, ajoute-t-il,

> ...qu'en espaliers les Grâces arrangées
> Au regard des passants font briller leurs appas...

La faveur dont elles jouissent est singulière. A cette époque où on meurt si facilement, on aime avec fureur le plaisir. Toujours les amants ont aimé mêler l'image de la mort aux transports de leur volupté. Ces caresses goûtées dans des lits complaisants n'étaient-elles pas, peut-être, les dernières et n'allait-on pas quitter cette couche tiède pour aller partager celle de la fille à Guillotin ? De là, sans doute, le piment de ces luxures vénales, le dédain d'un or rare cependant.

Du spectacle uniforme, et pourtant toujours renouvelé, de cette prostitution, un contemporain a laissé un croquis alerte et qui semble pris sur le vif. C'est bien, à travers ces lignes vieilles d'un siècle, le Palais-Egalité de la Terreur qui s'évoque, qui dresse devant nous les spectres décharnés et fardés de ses filles publiques disparues.

Ce lieu, dit l'anonyme, est uniquement consacré aux arrangements que l'on contracte avec ces sortes de divinités. On en trouve ici de tous les prix, de toutes les classes et de toutes les couleurs. On les voit fourmiller et se reproduire, se croiser dans les galeries, escaliers et corridors les plus dérobés. L'une, se félicite avec l'amant en second, du tour qu'elle a joué à l'amant en titre ; l'autre assure le vieillard de son attachement pour lui en soupesant le poids de sa bourse. Une troisième s'empare adroitement de l'étranger qu'elle convoite et qu'elle se dispose à dégourdir, ou à qui elle glisse adroitement son adresse. Enfin, toutes ont le même but, celui d'attraper quelques misérables sous qu'elles dépensent au fur et à mesure qu'elles les gagnent. Voilà pourquoi on les voit en peu de temps tomber dans la plus grande détresse. Leur règne n'est pas long. C'est ordinairement l'affaire de deux ou trois ans. On en a vu débuter avec le coloris, la fraîcheur et tous les charmes de la jeunesse, mais se faner, se flétrir en quelques mois, et obligées d'aller ensuite dérober dans l'obscurité des rues le ravage qu'ont fait chez elle leurs débauches et leurs désordres.

Cela c'est le sort de la prostituée dans tous les temps et dans tous les pays. Soyez persuadé que c'est simplement le désespoir de se voir devenir laide et vieille qui fait à Cléopâtre serrer un aspic contre son sein de déesse. Pénétrons maintenant dans un de ces sérails où les filles attendent le bon plaisir, sinon le bon goût, du passant que taraude le rouge désir.

De même qu'un marchand expose aux yeux des passants l'élite de son magasin, de même ces commerçantes en plaisirs exposent à découvert, aux yeux de l'acquéreur, les charmes dont la nature les a pourvues, et sur lesquels elles spéculent avec tant de succès. Ce foyer est un sérail complet dans lequel le célibataire pour son demi-louis, n'a que l'embarras du choix. Un coup d'œil lancé adroitement à la belle, est suffisant, et le soir vous êtes sûr d'avoir son bras. Les sophas que tu vois commodément placés, ne servent qu'à la passation du contrat. C'est sur eux que le marché se conclut et que l'on convient des conditions du traité. Alors les plus pressés d'entrer en jouissance disparaissent sans qu'on prête la plus légère attention à eux ; mais peu de temps après, l'active prêtresse reparaît encore plus rayonnante qu'auparavant et toute disposée à faire ainsi plusieurs voyages dans la soirée.

Les Boutiques de Bois.

Le laquais ou le porteur d'eau, qui, sur un tapis vert proche, vient de rafler une fortune imprévue, peut s'offrir le luxe de ces amours à qui des salons décorés licencieusement servent de cadre. Les moins heureux ont le spectacle des Galeries de Bois, ainsi nommées à cause de leur établissement provisoire en planches, et le Camp des Tartares pour se divertir. La liberté, que les neuves inscriptions proclament, avec *ou la Mort!* aux frontons des monuments, affirme là sa suprématie. L'égalité civique a supprimé toutes les distances, rapproché toutes les classes.

Autrefois, continue l'observateur, on ne parlait à une fille que dans l'ombre de la nuit ; aujourd'hui, en l'aborde publiquement. On n'est plus du tout étonné de la voir dans un spectacle ou dans une promenade choisie, serrer le bras à celui qui, jadis, eût rougi de lui parler en secret. On s'en est fait un jeu, une habitude ; on n'y songe plus. D'ailleurs le gouvernement ne s'abaisse pas à s'occuper de ces dames, et il se contente de faire veiller sur leur conduite. Mais comme les trois quarts des agents de police sont leurs dignes amoureux, et qu'elles comptent beaucoup sur leur indulgence, elles s'arrogent le droit de déclamer hautement contre les principes. Cependant pour les rendre un peu plus patriotes, on les envoie de temps en temps faire un petit séjour dans quelques maisons nationales ; mais le correctif n'a plus de force, il n'y a pas de remède à la gangrène.

Il y a là, cependant, dans ce tableau si pittoresquement exact, une calomnie à laquelle il importe de s'arrêter. C'est gratuitement qu'on accuse, en ces temps, la police de complaisances à l'égard des nymphes.

Par les rapports auxquels nous allons faire quelques emprunts, le lecteur verra quel genre de tendresse les inspecteurs nourrissaient pour elles, et avec quel acharnement, qu'il faut bien reconnaître justifié, ils traquaient les filles publiques dans leur royaume. D'ailleurs, nul retour à de meilleurs sentiments à attendre d'elles. On peut conclure avec l'auteur que « la fille qui a débuté au Palais-Royal sera toujours fille (1) ». Celui qui veut prétendre aux faveurs de ces reines publiques ne se trouve nullement embarrassé au seuil du jardin-lupanar pour faire son choix suivant les ressources de sa bourse, surtout s'il a eu soin de se munir de quelque *Almanach* qui le renseignera sur le nom, la demeure, le savoir-faire et le prix des nymphes désirées.

C'est toute une littérature, toute une bibliothèque, souvent amusante et toujours érotique, que celle qui a pris à tâche de servir d'intermédiaire entre l'acheteur et la vendeuse. Certes, nous n'avons pas la prétention d'en dresser ici le catalogue, qui serait fastidieux, au surplus, mais quelques-uns de ces petits volumes, vendus sous le manteau hier, achetés publiquement aujourd'hui, méritent de retenir la curiosité. C'est qu'ils sont bien significatifs de leur époque, ces recueils graveleux où l'art s'est appliqué, avec un souci digne d'un meilleur sort, à représenter l'amour dans ses manifestations les plus inattendues. Tels ils paraissent, en ces jours de la Terreur, avec abondance, aussi nombreux que les pamphlets politiques, que les gazettes que la chose publique préoccupe, et il est rare que les acheteurs des uns n'aient point les autres dans leur poche. Voici les

(1) *Le Palais-Royal ou les filles en bonne fortune, coup d'œil rapide sur le Palais-Royal en général, sur les maisons de jeu, les filles publiques, les tabagies, les marchandes de modes, les ombres chinoises, etc... Passim.*

Etrennes aux Grisettes pour l'année 1790, où l'amateur peut trouver quelques noms d'hétaïres particulièrement recommandées ; la *Chronique arétine ou recherche pour servir à l'histoire des mœurs du XVIIIe siècle* (1), où une précaution aussi prudente qu'inutile abrège les noms pour laisser au lecteur le plaisir de les deviner ; le *Tarif des filles du Palais-Royal, lieux circonvoisins et autres quartiers de Paris, avec leurs noms et leurs demeures*, dont l'auteur propose la création d'une compagnie d'assurances pour la santé, ce contre quoi s'élève la *Protestation des filles du Palais-Royal et véritable tarif*, rédigé, assure le titre, par Mmes Rosni et Sainte-Foix, présidentes du district des Galeries (2), *la Nouvelle liste des plus jolies femmes publiques de Paris ; leurs demeures, leurs qualités et savoir-faire ; dédié aux amateurs par un connaisseur juré de l'Académie des F.....* Ici, nous entrons dans l'enfer, dans le cabinet secret de la débauche, avec l'*Amanach des adresses des demoiselles de Paris de tout genre et de toutes les classes ou Calendrier du plaisir contenant leurs noms, demeures, âges, tailles, figures et leurs autres appas, leurs caractères, talents, origines, aventures, et le prix de leurs charmes, augmenté et suivi de recherches profondes sur les filles anglaises, espagnoles, ita-*

---

(1) A. Caprée, 1789, in-8°.
(2) 1790, in-8°, 7 pp.

liennes et allemandes, pour l'année 1792 (1), qui ouvre un vaste champ à la libre imagination du scribe obscur qui le rédigea; la *Liste complète des plus belles femmes publiques et des plus saines du Palais de Paris, leurs goûts et caprices, les prix de leurs charmes et les rôles que remplissaient quelques-unes dans plusieurs théâtres* (2); *Le petit Almanach de nos grandes femmes accompagné de quelques prédictions pour l'année 1789*, que commet anonymement Rivarol pour mêler la diffamation et l'ordure à la politique, car il estime que c'est de bonne guerre de couvrir de boue quiconque ne porte pas au cœur l'amour des fleurs de lys. Voici encore, et son titre est mieux qu'un programme, l'*Almanach nouveau des citoyennes bien actives de Paris, consacrées aux plaisirs de la République, contenant la notice exacte des femmes dévouées à la paillardise par leur tempérament, leur intérêt et par besoin, leurs noms, qualités, âges, demeures et le tarif de leurs appas, tant à prix fixe qu'au casuel; édition considérablement augmentée, dédiée aux citoyennes de la moyenne vertu par un greluchon des entresols du Palais-Royal; pour l'an de*

---

(1) Chez tous les marchands de nouveautés, à Paphos, de l'imprimerie de l'amour. — La première édition parut en 1791 sur 96 pages, celle-ci en ayant 120.

(2) Se trouve à Paris chez les marchands de nouveautés; in-12, 24 pp.

grâce 1793 et premier de la République (1); *Les Fastes scandaleux ou la galerie des plus aimables coquines de Paris, précédés d'un sermon sur la continence dédié aux amateurs, par un connaisseur juré, associé de l'Académie d'Asnières, secrétaire honoraire du lycée des Ahuris de Chaillot, etc., etc.* (2), où les goûts les plus difficiles et les moins délicats n'auront que l'embarras du choix des noms que présentent douze pages; ce sont encore, au hasard, *Les après-soupers du Palais-Royal ou Galerie des femmes qui font joujou entre elles* (3); *Les Pantins des boulevards ou les bordels de Tha-*

Mme Pompon regrettant les Fédérés.
(Caricature de 1793.)

(1) De l'imprimerie de Blondy et Consœurs, et se vend chez tout le monde; an I, in-18, 124 pp.

(2) Deuxième édition revue, corrigée, augmentée; à Paphos, et aux n°s 123, 18, 156, 148, 167, etc., des galeries du Palais Egalité; l'an 200, in-8°, 20 pp.

(3) De l'imprimerie de Cythère, 1790, in-8°, 8 pp.

lie, *confessions paillardes des tribades et catins des tréteaux du boulevard, recueillies par le compère Matthieu, au Théâtre-Français, comique et lyrique, à l'Ambigu-Comique, à celui des Délassements Comiques* (1), *au Théâtre de Nicolet* (2), *aux Associés* (3), *aux Beaujolais* (4), *ouvrage aussi utile qu'agréable, dédié à tous les baladins de la fin du XVIIIe siècle et enrichi de figures, par leur espion ordinaire* (5). Cette mode d'almanachs à adresses devait survivre à la Terreur comme un besoin érotique, et l'an VIII voyait encore paraître la *Revue des boudoirs en vaudevilles ou la liste des jolies femmes de Paris, leurs noms et leurs demeures* (6), tandis qu'en l'an XI, faisait fureur l'*Espion libertin ou le calendrier du plaisir, contenant la liste des jolies femmes de Paris, leurs noms, demeures, talents,*

(1) Situé boulevard du Temple ; on y jouait l'opéra, la pantomime et le ballet.

(2) Le *Théâtre du sieur Nicolet*, aussi connu sous le titre *Les Grands danseurs du Roi*, boulevard du Temple, ne représentait que des farces et des manières de petits vaudevilles.

(3) *Théâtre des Associés*, dit encore *Spectacle comique du sieur Sallé*, boulevard du Temple ; la tragédie y faisait bon ménage avec des pièces à marionnettes.

(4) *Les Petits comédiens du comte de Beaujolais*, au Palais-Royal. Des enfants gesticulaient sur la scène tandis qu'on parlait pour eux dans les coulisses.

(5) Paris, imprimerie de Nicodème dans la lune, 1791, in-12.

(6) Paris, au Palais des Plaisirs, an VIII, in-8°.

Une coiffure révolutionnaire.

qualités et savoir-faire, suivi du prix de leurs charmes (1). Sans doute ce que promettaient ces petits livres, la réalité ne le tenait point toujours, mais sur quelle marchandise l'acheteur n'est-il point trompé ? Au moins constituaient-ils un guide averti, et quelque peu scrupuleux, dans ce sérail jacasseur où le choix était abondant et où le désir dédaignait souvent la recommandation de l'almanach au bénéfice du sourire engageant de la première séductrice apparue.

C'est en nous confiant à l'une de ces listes que nous allons, à notre tour, approcher de plus près les nymphes recommandées.

⁎

Il convient de les diviser en deux catégories bien distinctes, car, ainsi que la vertu, le vice a ses degrés et sa hiérarchie. Dans la première, la plus nombreuse, la plus mouvementée, il importe de ranger le troupeau des nymphes sans histoire et sans éclat, les filles publiques sans gloire qui, mêlées, confondues, circulent sous les galeries, raccrochent tous les passants et ne prétendent pas

---

(1) Sur la copie au Palais-Egalité dans un coin où l'on voit tout. — Nous avons, dans un de nos précédents volumes, *Les Femmes et la Terreur* (appendice), réédité une de ces brochures particulièrement rare : *Hommage aux plus jolies et vertueuses femmes de Paris ou nomenclature de la classe la moins nombreuse*. Le lecteur y trouvera, en une double liste, sur trois pages, cent quarante-neuf noms de jolies femmes du temps.

fixer leur choix. Dans la seconde, il faut placer celles qu'on appelle les *dames du monde*. Le terme semble avoir, aujourd'hui encore, conservé toutes ses propriétés. Celles-là sont véritablement reines, entourées d'un luxe réel, dédaigneuses du menu fretin amoureux qui tente vainement leur conquête. Ce sont les hétaïres de grande marque et de haute volée, habillées avec soin, fardées discrètement et qui possèdent un train de maison comparable, par exemple, à celui de quelqu'une des considérables impures de notre époque.

La première catégorie de ces femmes se distingue particulièrement par son attitude cynique. Ces nymphes, nées avec la Révolution à la vie galante, ne prétendent avoir aucune de ces élégances de manières ou de langage qui rendaient si piquantes les filles d'opéra et de comédie du régime écroulé et disparu. Elles font leur métier ainsi qu'il convient qu'il soit fait au Palais-Egalité. Flanquées, quelquefois, de vieilles courtisanes retraitées par lesquelles elles imaginent symboliser le luxe absent, ou tenant par le bras une compagne, elles se promènent nonchalamment, vêtues en plein jour comme pour un bal. Les gorges s'offrent libres et nues, les bras sont à peine voilés par la mousseline des grandes écharpes qui voltigent mollement au vent levé par les jardins ou à la bise sifflant sous les arcades. Elles rient haut et faux, car le rire est souvent obligatoire pour attirer l'attention du client distrait ou nonchalant.

L'Italienne, la Paysanne, la Blonde Elancée, Thévenin, Papillon, la mulâtresse Bersi, — les nègres sont à la mode depuis que la République a décidé leur émancipation, — la Franco, Peau d'Ane, Georgette, Franchon, la Durosel semblent les plus recherchées d'entre elles. Colombe et la fille Dupuis, dite la Chevalier, sont à leur tête, ayant eu des amants quelque peu plus généreux. Parmi elles, la faveur s'attache surtout, paraît-il, à la Chevalier. Pourquoi? Celle-ci n'est guère plus séduisante que ses compagnes, on lui pourrait, au contraire, reprocher quelque chose de lourd dans l'allure générale du corps, une plus grande vulgarité dans les traits, moins de cynisme savant et prometteur, ce cynisme qui décide les hommes hésitants et les entraîne vers le sopha du sérail proche ou le matelas sans mollesse de la chambre garnie. Telle la fille Chevalier plaît et se voit recherchée par les libertins en quête de sensations nouvelles, à qui la volupté sans un piment spécial ne saurait convenir. Et si vous demandez à quel « savoir-faire », prôné par l'almanach érotique, la Chevalier doit sa faveur, on vous répondra plus simplement qu'elle est fille du bourreau de Dijon. Voilà le secret de son art amoureux. A quoi donc peuvent bien rêver les amants de cette fille, la serrant dans leurs bras? Que cherchent-ils sur cette gorge palpitante et lourde de fille campagnarde, dont la jeunesse s'est écoulée dans quelque maison écartée de faubourg, marquée de la croix rouge de la terreur populaire ? Ici encore, à la luxure, on veut marier le souvenir du sang, et cette fille publique n'est désirée que parce que son père a beaucoup tué.

Avec ses compagnes, elle mène le cortège impudique à travers le palais en folie, la chanson érotique aux lèvres, le couplet qui assure que

> La Guillotine est à Cythère
> De mode comme en ce pays !

Ce qui n'est point d'ailleurs fait pour effrayer les libertins qui, en matière d'amour, n'ignorent aucune audace. A la poussière que soulèvent tant de pas foulant les dalles et les planchers, elles mêlent les parfums violents de leurs chevelures nouées sur des cous roses où se plaque, souvent à l'improviste, le baiser sonore d'un qui ne saurait se payer que cette peu coûteuse satisfaction. De là, des bagarres et des rixes comme celle à laquelle assista, le 6 pluviôse (25 janvier), l'inspecteur Le Breton, et au récit de laquelle il importe de conserver toute sa saveur : « Dans le jardin de l'Egalité, rapporte-t-il, plusieurs femmes ont hué et honni un citoyen qu'elles ont renvoyé des jardins et des galeries à grands coups de poings pour ne leur avoir donné qu'un assignat de 5 livres après en avoir joui, à partager entre quatre. » Cette colère ne laisse pas que d'être déconcertante. Quoi ! voici un valeureux et avantageux citoyen qui a donné du plaisir à quatre de ces dames, et, au lieu de l'admirer, de vanter sous les galeries ses exploits amoureux, elles lui infligent la correction d'une incroyable et blâmable rapacité? Ce n'est point de cette oreille-là qu'elles entendent prendre part au joli plaisir d'amour. « Cette scène a beaucoup fait rire (1) », conclut Le Breton. Nous le croyons sans peine sur parole.

Un assignat, c'est de la mauvaise monnaie au Palais-Egalité :

> J'ai des assignats dans ma tabatière,
>   J'ai des assignats
>   Qu'on ne paiera pas ;
> J'en ai des bleus, des noirs et des blancs,
> Mais ce n'est pas de l'argent comptant... (2)

Ce n'est peut-être qu'un couplet ironique pour les anti-jacobins, mais c'est certainement une profession de foi pour les filles publiques du Palais-Egalité. La politique, elles ne s'en préoccupent guère d'ailleurs, si ce n'est pour la plaisanter, comme au temps où l'abbé Fauchet conviait, dans le cirque du Jardin-Egalité, devenu le *Club Social*, la foule libertine à des prônes civiques. Le club fermé en 1791, on ne put que se réjouir de voir disparaître ces rendez-vous de « tous les débauchés, les oisifs et les filles de joie du Palais-Royal (3) ».

C'est, en somme, ici la vie factice et bruyante

---

(1) *Archives nationales*, série W, carton 191.
(2) *Actes des Apôtres*, n° 164, p. 12.
(3) *Journal de la cour et de la ville*, 12 mai 1791.

de toutes les filles publiques, de quelque régime qu'elles soient. Le débauché s'en aperçoit bien vite quand sa conquête le mène vers le garni destiné aux amoureux ébats. Ces garnis « à peu près dégarnis », ce sont là-haut « des mansardes perdues dans le dédale des larges corridors, aux étages derniers, par delà les salons somptueux où règne le dieu Plutus, où tourne la roulette (1) ». Dans ces soupentes louées à des prix extravagants, c'est la misère banale et sale, la crasse des parquets que tachent les eaux de toilette, où gisent les oripeaux de ce luxe de foire et de théâtre qui parade sous les galeries, le délabrement des meubles de hasard, chaises boiteuses, tables branlantes, les mauvais tapis élimés et le lit trop fatigué avec ses draps douteux, ses oreillers fripés, le lit où on passe. On ne fait que passer là, en effet, et le plaisir pris, le facile conquérant se hâte, dégringole hâtivement les larges escaliers de pierre où montent d'autres couples, où crient d'aigres disputes, de rauques discussions de voix éraillées, il se hâte d'aller respirer l'air pur, large et sain. Et la foule est là qui le happe à la descente, l'entraîne et l'engloutit dans son énorme tourbillon, l'emporte dans sa vague.

Ce n'est pas avec cette désillusion que sort, du boudoir de la femme du monde, celui qui fut assez fortuné pour contenter son appétit. Celle-là loge somptueusement dans un de ces anciens

(1) L. Augé de Lassus, *La Vie au Palais-Royal*, Paris, 1904; p. 102.

hôtels abandonnés par les émigrés. Dans les salons des douairières parties vers l'exil germanique ou la misère des logis de Londres, se tient au-

Les « Belles » du Palais-Royal, d'après une estampe de l'époque.

jourd'hui la cour galante des nouvelles déesses de la mode. Là, c'est le luxe réel des beaux meubles, des tapis aux tons charmants, des chambres ornées avec goût. La domesticité sait se souvenir qu'elle fut aux ordres des ci-devants. Tel est le décor où vivent des femmes comme Latierce, Saint-Maurice, la Sultane ou l'Orange. Ce sont les bonnes hôtesses où il convient d'oublier le débraillé jacobin pour faire montre des belles manières auxquelles les femmes délicates ne sauraient moins faire que de se montrer sensibles. Si, dans la journée, à l'heure chaude, elles se prélassent à l'ombre des arbres du Jardin-Egalité, c'est moins pour recruter le riche étranger ou le naïf provincial que pour prendre leur part du spectacle animé qu'offrent les Galeries. Nonchalamment étendues sur le dossier des chaises, elles goûtent la fraîcheur de la verdure, dissertent avec élégance des faits du jour, et fi! des affreux cortèges en marche vers la place de la Révolution! Elles laissent ce plaisir aux poissardes et aux filles publiques du Camp des Tartares.

Un voyageur allemand a laissé d'une de ces femmes, de la plus célèbre sans doute, la Bacchante, un portrait qui mérite de ne point être oublié. « C'est une femme grande, brune, dit-il, à la taille élancée, avec des yeux d'amazone et une chevelure d'une abondance que je n'avais encore jamais vue. Ses cheveux noirs comme l'ébène frisent naturellement; ils couvrent à volonté son sein et ses épaules, et son chignon est si épais qu'il laisse à peine voir son cou. Elle est plus grasse que maigre, mais bien faite et régulièrement proportionnée, avec de petites mains et des bras ronds potelés, la figure pâle, les dents blanches, la bouche petite, la toilette toujours nouvelle, toujours pleine de goût (1). »

Lecteur du petit Almanach érotique, si ton désir s'arrête sur cette splendide créature, consulte ta bourse. Elle est plate ? Cette fille-là n'est pas pour toi, et tu auras la Blonde Elancée pour un peu moins de dix livres.

***

S'il faut en croire l'inspecteur Le Breton (2) qui décidément fréquente beaucoup ce mauvais lieu, le Palais-Egalité n'est pas que le refuge des seules filles publiques. C'est à l'époque où elles sont aux abois. On ne consent à les loger au Palais-Egalité que si elles justifient d'une profession non déshonorante. C'est là une singulière prétention, car sans filles publiques que deviendrait la Maison-Egalité (le mot « palais » sentant trop son ancien régime) ? Dans l'instant que les filles se sentent menacées dans leur tranquillité commerciales, surgissent des concurrents d'un genre quelque

(1) *Ueber Paris und die Pariser*, von Friedrich Schulz; 1790, signalé par E. et J. de Goncourt, *vol. cit.*, p 226.

(2) Rapport de police du 10 pluviôse an II (29 janvier 1794) ; *Archives nationales*, série W, carton 191.

Cette spécialité de l'amour avait, au début de la Révolution, inspiré quelques pamphlets dont voici les titres exacts, fidèlement transcrits : *Etrennes aux fouteurs démocrates, aristocrates, impartiaux, ou le calendrier des trois sexes, almanach lyrique orné de figures analogues au sujet, Sodome et Cythère ;* et se trouvent plus souvent qu'ailleurs dans la poche de ceux qui les condamnent,

peu plus équivoque. « On dit que à présent, écrit le policier, le jardin est le réceptacle et le rendez-vous des pédérastes. » Il est difficile d'apporter quelques éclaircissements dans cette affaire. Le Breton est le seul policier qui ait signalé la chose. Persista-t-elle? On ne sait, mais on peut, avec raison, croire que Cythère leva, en la circonstance, le bouclier contre Sodome et que celle-ci se réfugia prudemment en

La Soirée au Jardin.

1790. in-12°, 44 pp.; *Les Fouteurs de bon goût à l'Assemblée nationale*, in-8°, 8 pp.; *Les Enfants de Sodome à l'Assemblée nationale ou députation de l'ordre de la Manchette aux représentants de tous les sexes pris dans les soixante districts de Paris et de Versailles y réunis :* à Paris, et se trouve chez le marquis de Vilette, grand commandeur de l'ordre, 1790, in-12°, 71 pp.

d'autres lieux. Peut-être choisit-elle cette fameuse allée des Soupirs, triste objet du courroux et des indignations des policiers? Là, comme aux rotondes du jardin, « des femmes tous les soirs sures les neuf et dix heures cometent les infamies les plus dégoûtantes (1) ». Le récit détaillé de ces infamies est à jamais perdu pour l'histoire, l'inspecteur Monti ayant reculé à les décrire dans son rapport, mais quiconque tenta, de nos jours, de respirer la fraîcheur nocturne des Champs-Elysées, aux chaudes ardeurs de thermidor, peut aisément imaginer quel genre de distractions offrait cette langoureuse allée des Soupirs, au joli nom (2).

(1) Rapport de police du 4 pluviôse an II; *Archives nationales*, série W, carton 191.

(2) Ce n'était pas le premier scandale qu'on devait au sodomisme Quelques années auparavant, en 1788, l'ambassade envoyée à Paris, par Tippou-Sahib, avait montré de quelle manière se traitaient ces sortes d'affaires galantes. Des personnages de la suite des ambassadeurs avaient poussé ces aventures à l'orientale. « Il avait fallu, écrit M. Victor Tantet, arracher un petit domestique français d'une quinzaine d'années des mains de l'un d'eux, jeune homme qui avait l'aspect d'une femme et qu'on avait beaucoup remarqué à Versailles pour cette apparence. Comme l'autre se montrait indocile, il avait voulu l'étrangler. On rendit l'enfant à sa mère, une brave coutelière sans malice qui, très fâchée de cette incorrection et ignorante des dessous de l'affaire, réclamait très fort une indemnité. » Victor Tamtet, *L'Ambassade de Tippou-Sahib à Paris, en 1788*, d'après les papiers des archives du ministère des colonies; *Revue de Paris*, 15 janvier 1899.

Ces mêmes scènes anacréontiques devaient, plus tard, se renouveler dans les jardins « à l'anglaise » de l'ancienne Folie-Boutin, rue Saint-Lazare, devenue, moyennant un loyer de 12 000 francs, le jardin de Tivoli. C'est là du moins ce qu'affirma, à l'époque, Grimod de la Reynière qui n'appréciait pas que les plaisirs solides de la table. Les propriétaires de Tivoli, peu jaloux de ravir ces aimables lauriers au Jardin-Egalité, protestèrent, et Grimod de la Reynière répondit en ces termes. Le morceau est joli :

Quelques-uns se sont élevés contre ce qu'ils ont appelé l'indécence de mes observations sur Tivoli. Ils ont prétendu que c'était faire passer Tivoli pour un mauvais lieu que de révéler ainsi les écarts dont les bosquets sont quelquefois témoins, qu'enfin le grand nombre de lampions et de baïonnettes dont ses bosquets sont garnis y rendaient impossible toute espèce de fornication. Nous n'ajouterons rien à ce que nous avons dit. Nous remarquerons seulement que, en fait d'observations, nous ne parlons jamais que *de visu*, parce qu'un observateur ne peut s'en rapporter qu'à ses propres yeux. Quant à ces actes eux-mêmes, dont la révélation blesse si fort l'austérité farouche de ces censeurs impuissants, nous sommes assurément bien loin de les approuver ; mais les hommes sensés conviendront que si, depuis dix ans, le peuple français s'était borné à des crimes de cette espèce, la grande nation en serait un peu plus heureuse et que, à tout prendre, aux yeux du Dieu juste et bon, dont l'indulgence voile et pardonne nos erreurs, l'infraction au sixième commandement est peut être le forfait le plus léger dont l'humaine faiblesse puisse se rendre coupable (1).

(1) *Le Censeur dramatique*, tome IV.

Ne peut-on pas, au nom de ces charmantes raisons, absoudre l'allée des Soupirs de tous les crimes dont la chargent si lourdement les sévères policiers, aux observations desquels ne suffit pas le vaste champ de l'esprit public?

Aussi tolérante qu'elle fût aux écarts des filles du Palais-Egalité, la Commune dut, à maintes reprises, prendre des mesures contre leur débordement. Mais arrête-t-on les flots d'une mer? C'est pourquoi la garde nationale fut conviée à opérer, sous la conduite des commissaires de police des sections, des rafles. On voit que le procédé n'a rien de neuf. Et la chasse commença dans le jardin plein de femmes de mauvaise vie (1). Le 1er ventôse, Dugast signale une expédition de ce genre. Les gardes nationaux et les gendarmes investissent les cafés, les salons de jeu et les galeries. « Il en est résulté l'arrestation de plusieurs individus et de quelques femmes publiques (2). » Ces individus nous les avons déjà rencontrés dans les « pétie bouzin » signalés par Pourvoyeur. Presque coup sur coup, les rafles se succèdent. C'est encore Dugast qui écrit que, dans des souterrains où on dansait, on a dispersé les danseurs. Ce n'est pour eux qu'une mauvaise heure rapidement passée, car « aujourd'hui le bal a repris de

---

(1) Rapport de police non signé (copie); *Archives nationales*, série W, carton 124, pièce 6.

(2) *Archives nationales*, série W, carton 112.

plus belle et l'on a dansé jusqu'à onze heures du soir (1) ». Quelquefois ces rafles n'ont pas l'air de viser spécialement les filles publiques. Elles semblent, au contraire, les dédaigner pour les suspects. Cela étonne singulièrement Monti, le 7 ventôse :

> Sur les huit heures du soir la force armée avec des comisaires de la section de la Montagne (2) ont fait la visite de plusieurs caveaux ou lon donne à boire au cidevant palais-royal tant pour les militaires que pour les gens suspects. Ils ont amenné plusieurs particuliers. Ils auraient dû arrêter aussi les filles publiques qui vont là, car l'on nignore pas quelles y sont en assés grande cantité (3).

Oubliées le 7, les filles sont traquées à nouveau le 19. Cette fois, la rafle semble avoir été plus sérieuse, ainsi qu'en témoignent les observations de Charmont :

> L'invasion que l'on a fait ces jours derniers au palais égalité a fait peur aux femmes public elle reflue vers le midi de la capitalle au point qu'hier encore les rues en

(1) Rapport de police du 3 ventôse an II (21 février 1794) ; *Archives nationales*, série W, carton 112.
(2) « Cette section se tenait, en 1792, dans l'église Saint-Roch, et comprenait 2.400 citoyens actifs. Elle s'est appelée *Section du Palais-Royal*, de 1790 à 1791 ; *Section de la Butte des Moulins*, de 1792 à 1794 ; *Section de la Montagne*, en 1794 ; *Section de la Butte des Moulins*, de 1794 à 1812 ; *Quartier du Palais-Royal*, depuis 1813. » Mortimer-Ternaux, *ouvr. cit.*, tome II, p. 418.
(3) *Archives nationales*, série W, carton 112.

étoient remplis et ce jusqu'à minuit et dont on a pris plusieurs (1).

Mais qu'elles se rassurent, les nymphes pourchassées! La Gironde luttant contre la Montagne, la débâcle des Dantonistes abattus à l'aurore du radieux germinal, la crapule thermidorienne serrant à la gorge les jacobins, tout cela les laissera au second plan, à leurs galeries, à leur commerce, à leurs petites affaires. Quand la Commune aura des loisirs, — et la guillotine ne lui en laisse guère en 93 et 94! — alors seulement on songera à elles. En attendant, qu'elles raccrochent, puisque c'est leur métier, et qu'elles le font avec une si chaleureuse et méritoire ardeur.

* * *

Qui songe au plaisir ne pense guère à la politique. C'est pourquoi les royalistes ont fait un mauvais calcul en plaçant, sous le patronage des filles publiques du Palais-Égalité, un si grand nombre de leurs libelles contre-révolutionnaires. Il ne s'agit point de plaisanter, il importe de prouver. Cette littérature politico-érotique ne prouve rien, sinon l'inconscience d'un parti. Qu'on descende à tels écrits pour défendre une cause, voilà qui ne prouve guère en sa faveur. Mais de tout

(1) Rapport de police du 22 ventôse an II (12 mars 1794); *Archives nationales*, série W, carton 112.

cela, les prostituées des Galeries de Bois étaient certes bien innocentes, et la *Requête des demoiselles du Palais-Royal aux États-Généraux* (1), par exemple, que démontre-t-elle ? sinon que voilà beaucoup d'esprit perdu pour peu de chose.

Comme pour les almanachs érotiques, nous ne pouvons guère songer ici à énumérer toutes ces brochures qui durèrent ce que dure un éclat de rire, mais quelques-unes se rattachent

Galleries ou Arcades.

si étroitement à notre sujet que nous estimons curieux de les citer, en respectant toujours scrupuleusement ce que leurs titres peuvent avoir de gaillard ou d'outrancier. A cette requête, déjà citée, des *Demoiselles du Palais-Royal aux États-Généraux*,

(1) Paris, 1789, in-8°, 8 pp.

répondit une brochure écrite dans le même esprit : *Réponse des Etats-Généraux aux demoiselles du Palais-Royal, par Hercule, secrétaire des Etats-Généraux qui se tiennent sur le boulevard* (1). Une troisième brochure vint clore ce débat où la prostitution ne servait que de prétexte à de moins polissonnes arguties : *Ressource qui reste aux demoiselles du Palais-Royal, en suite de la réponse des Etats-Généraux à leur requête* (2). C'est bientôt à l'Assemblée nationale, que s'adresseront les brocards et les épigrammes du goût que les titres des brochures seuls font présumer. Voici *la Réclamation des courtisanes parisiennes, adressée à l'Assemblée nationale concernant l'abolition des titres déshonorants, tels que garces, putains, toupies, maquerelles, etc., etc., etc.* (3) dont la question de l'abolition des titres féodaux sert de prétexte ; *la Requête des filles de Paris à l'Assemblée nationale* (4), par M. Baret, et dont le succès exige deux éditions ; la *Pétition des 2 100 filles du Palais-Royal, à l'Assemblée nationale* (5), qui espère donner le change en s'augmentant de noms et d'adresses fantaisistes. Cette politique d'un genre spécial montera — du moins elle le tentera — jusqu'à la Convention avec la cynique *Pétition*

(1) Paris, 1789, in-8°, 7 pp.
(2) Paris, imprimerie de Grangé, in-8°, 8 pp.
(3) Paris, s. d., in-8°, 8 pp.
(4) Paris, imprimerie de Blanchon, in-8°, 7 pp.
(5) Paris, chez la veuve Macart, rue Neuve des Petits Champs, au dessus du chaircuitier, au coin de la rue de Ventadour, l'an Ier de la Liberté, 1790, in-8°, 11 pp.

des citoyennes du Palais de l'Egalité ci-devant Palais-Royal à la Convention nationale (1), et le nombre de ces brochures pourra, avec succès, rivaliser avec celui des listes d'adresses et de noms de la galanterie. Ce sera une fantaisiste *Ordonnance de police concernant les putains de Paris et principalement celles du Palais-Egalité* (2), anonyme naturellement; les *Déclarations des droits des citoyennes du Palais-Royal* (3), auxquelles riposteront la dénonciation de la *Grande et horrible conspiration des demoiselles du Palais-Royal contre les droits de l'homme* (4), par Madelon Friquet, aimable pseudonyme qui cachera, peut-être, quelque rédacteur des *Actes des Apôtres*. Encore, le *Catéchisme des filles du Palais-Royal et autres quartiers de Paris à l'usage de tous les citoyens et citoyennes actives, avec les détails des services politiques et secrets qu'elles ont rendu à la Révolution* (5), ou le mordant *Nous devenons capricieux comme les filles entretenues* (6). Et

(1) Chez les marchands de nouveautés, in-8°, 16 pp.
(2) Paris, l'an de la vérole, in-18°.
(3) Paris, in-8°, 7 pp.
(4) Imprimerie de Girard, in-8°, 8 pp.
(5) De l'imprimerie réginale de Cythère, 1790, in-8°, 16 pp.
(6) Cité par M. D... s (Deschiens), avocat à la Cour royale de Paris, *Collection de matériaux pour l'histoire de la Révolution de France depuis 1787 jusqu'à ce jour; bibliographie des journaux;* Paris, Barrois l'aîné, libraire, rue de Seine-Saint-Germain, n° 10; 1829, p. 75.

puisqu'il faut convenir que la politique fait du tort aux filles, on nous donnera, — et le titre sera la morale de cette politique à la banqueroute, — *C'est foutu, l'commerce ne va pas* (1).

A quoi bon prolonger ces énumérations? Le lecteur aura compris le rôle de la contre-révolution dans cette guerre de libelles où les filles publiques ne servirent, en réalité, que de prétexte. Ce n'est pas à ce rôle qu'elles aspiraient dans la tourmente qui les enveloppait et les épargnait, et c'est les faire mentir que de les associer à cette littérature. Celle des almanachs suffit à leur gloire.

A quoi bon leur demander plus? Leur rôle, c'est d'animer le Palais-Egalité de leur grâce apprêtée, de leur élégance un peu criarde, de leur beauté équivoque et fardée. Grâce à elles, le passant oublie la tragédie qui secoue le pavé de Paris, lance la France aux frontières et heurte les partis dans les plus formidables duels que l'histoire ait pu enregistrer. Dans ce décor de pourpre vive où se dresse la Fille à Guillotin, la Fille publique du Palais-Egalité mène le cortège balancé, la théorie souriante des Vénus des carrefours, des Aphrodites vénales pour qui il n'est d'autres lois que celles du plaisir et de la volupté. A leur suite, elles entraînent cette foule vociférante, pressée, enfiévrée des amants innombrables, les guillotinés de demain, les héros de l'avenir, rués à la luxure

(1) Imprimerie de la Petite Rosalie, au Palais-Royal, 1790, in-8°, 7 pp.

comme à la suprême espérance de leur furieux destin. La crainte, le danger, la peur, la mort enfin, tout cela bouscule, talonne le grand troupeau libertin qui portera peut-être demain sur l'échafaud terroriste des têtes tièdes encore des derniers baisers achetés aux Galeries de Bois.

Enlevez à la Révolution ses guillotines, vous retirez au lupanar du Palais-Egalité un millier de ses prostituées (1).

(1) Nous signalons ici sur le Palais-Royal, et la prostitution à qui elle donna asile, quelques ouvrages que le curieux consultera avec intérêt : *Le Palais-Royal, ouvrage anti-philosophique composé dans un voyage fait clandestinement à Paris en 1789 (Les Filles de l'allée des Soupirs — Les Sunnamites — Les Converseuses)* ; à Paris, au Palais-Royal et puis un peu partout même chez Guillot, 3 vol. in-12, 1790. — P. Cuisin, *Les Nymphes du Palais-Royal, leurs mœurs, leurs expressions d'argot, leur élévation, retraite et décadence* ; Paris, in-18, 1815 (avec une planche coloriée). — Lepage, *Dictionnaire anecdotique des nymphes du Palais-Royal et autres quartiers* ; Paris, in-12, 1826. (L'édition fut à peu près complètement détruite par l'auteur en décembre 1826.)

Signature du docteur Guillotin.

III

Les modes féminines au Palais-Egalité. — Le prospectus de la citoyenne Lisfrand. — De l'agrément que peut offrir pour un galant pressé la « redingotte à la Thessalie ». — Les boucles d'oreille à la guillotine. — Les élégances de la Terreur.

> A Paris, dès le premier jour,
> Tout vieillit aux yeux de la mode;
> Tout s'use, excepté la méthode
> D'aimer sans avoir de l'amour... (1)

C'est pourquoi, au Palais-Egalité, si la faveur des filles publiques ne diminue guère, celle des robes, des chapeaux subira des éclipses, réflétera les opinions du moment avec une diversité qui n'aura d'égale que celle de la politique. Car il en est ainsi, la politique, qui n'aura guère d'influence

(1) *Almanach des modes et de la parure.*

sur le tarif des nymphes, en aura une, profonde, tenace, sur leurs modes. N'est-ce pas à un événement politique qu'on devra, au début de la Révolution, des modes « couleur sang de Foulon » chez les marchands du Palais-Royal (1)? Qui l'aurait cru? La mort du contrôleur général des finances fournissant à la mode un élément nouveau! « En se contentant d'examiner la coupe des vêtements, dit Carlyle, cette futile chose si visible, on pourra en déduire une foule d'autres choses qui ne se discernent pas aussi facilement (2). » Rien de plus vrai. Ces coiffures *aux charmes de la liberté, à la nation, à la sans redoute, à l'espoir* (3) ne disent-elles pas que sur les ruines de la Bastille l'aurore de la liberté française s'est levée? C'est là ce qui se porte en 1789. Aux coiffures *à la sacrifiée, à la lucarne, à la victime,* ne reconnaissez-vous pas celles qui seront en faveur en fructidor an II? Dès 1787, le costume féminin s'est simplifié. Les majestueux paniers ont été abandonnés pour les *pierrots* (4). Les jupes serrées remplacent les am-

(1) Comte de Montgaillard, *vol. cit.*, p. 106

(2) Thomas Carlyle, *The French Revolution ; a history ;* London, 1888.

(3) *Prospectus du sieur Depain, auteur de ces coëffures, avec privilège du Roi, rue Saint Honoré au coin de celle d'Orléans au premier au dessus du café du Grand Balcon.*

(4) *Souvenirs du baron de Frenilly, pair de France... déjà cit.*

pleurs exaspérées par les vertugadins, chers au grand siècle.

Les événements vont se charger de créer des modes nouvelles, s'adaptant à l'opinion politique qu'il convient d'avoir. On ne saurait raisonnablement porter, en 1793, mieux que des *habillements à la républicaine*, *des caracos à la sultane* ou *à la cavalière* (1), qui témoignent, par le tricolore de leurs étoffes, du civisme le plus pur. L'été découvre, grâce à eux, les gorges gonflées, montre au regard la naissance des belles poitrines tièdes privées de la poudre de riz, car il convient de ne point user de farine quand

La marchande de chapeaux, par DORGEZ.
(Gravure extraite des *Soirées de Célie*, 1792.)

(1) *Journal de Paris*, 19 octobre 1793.

Les roueries des dames du monde au Jardin-Egalité.
« LE VOILA FAIT ! »

le peuple manque de pain. Qui cache est suspect, aussi,

>   Grâce à la mode
>   On n'a rien d'caché,
>   On n'a rien d'caché, c'est plus commode !

On peut croire que les filles publiques du Palais-Egalité en abusent. La rigueur des saisons inclémentes ne les arrête point. Frimaire et brumaire les voient, sous les Galeries de Bois, parées comme aux plus beaux jours de prairial et de messidor, décolletées comme si un bal les attendait, enveloppées de légères écharpes de gaze ou de mousseline, bras nus et nuques découvertes. Elles laissent aux aristocrates les fourrures qu'on double d'étoffe rouge en signe de platonique protestation contre les fournées, en deuil des parents passés à la « petite fenêtre nationale ». Elles ne comprennent pas que le passant peut prendre quelque plaisir à deviner les formes de la nymphe sous le manteau qui l'enveloppe, à discerner parmi les plis de la robe la courbe des hanches voilées. Mais les passants du Palais-Egalité ne s'attardent point à cela. Il s'agit de retenir l'attention, et c'est à quoi s'emploient les marchandes de modes.

A l'égard des robes, les prospectus de l'époque nous apportent des indications précieuses. Voici celui de la citoyenne Lisfrand (1), jadis Teillard,

(1) Et non « Lisfranc », ainsi que l'écrit L. Augé de Lassus, dans la *Vie au Palais-Royal*, p. 117. Voir le fac-similé que nous donnons, page 163, de ce prospectus.

établie à la Maison-Egalité, près du café de Foy. Au cours de leurs promenades, sous les galeries, les filles publiques ont le loisir de constater le merveilleux choix qu'elle possède en robes de demi-parure, de parure, de négligé ou de bal et dans « tous les genres imaginables ». C'est que la citoyenne Lisfrand ne tient pas à faire mentir la réputation qu'assure au Palais-Egalité le prospectus d'un nouveau journal, qui le déclare « un séjour enchanteur où les modes se renouvellent de la manière la plus merveilleuse et la plus variée (1) ».

La citoyenne Lisfrand offre aussi des chapeaux à ses acheteuses, des bonnets à la grecque, à la française, à la romaine, et c'est bien elle et ses propositions insidieuses que le poète de la Terreur peut tourner en couplets :

> Donnez-moi donc votre pratique,
> Mesdames, achetez mes chapeaux,

(1) Prospectus de l'*Annonce des modes les plus récentes, toutes décrites d'une manière intéressante et toutes fidèlement rendues par des planches en taille-douce enluminées ; ouvrage qui, en donnant une connaissance exacte et prompte, tant des habillements, des coiffures de l'un et de l'autre sexe, instruit le lecteur de tout ce que les modes ont de plus agréable et de plus simple, soit dans la partie des meubles et des décorations d'appartements, soit dans celle des ouvrages d'orfèvrerie, des bijoux, ou voitures, etc., etc. ;* Paris, 1790, imprimerie Letellier et André, in-8°, 4 pp.

> Vous n'en verrez pas de plus beaux,
> J'ai l'élite dans ma boutique :
> On y cria deux ans, bravo,
> Sur celui à la Figaro !

Quant à l'utilité des chapeaux :

> Un chapeau est toujours utile,
> Et depuis les bonnes mamans
> Jusqu'à leurs petits enfans
> Tout en parle dans cette ville ;
> En effet, qu'est-il de plus beau
> Que femme avec un bon chapeau ?

C'est là un argument assurément indiscutable. Mais il n'est qu'à l'usage de la clientèle honnête dont s'honore la citoyenne Lisfrand. Pour les odalisques des Galeries de Bois, voici des conseils et des exemples auxquels elles ne peuvent que souscrire en achetant de ces bonnets, de ces chapeaux de paille qui valent de 35 livres « jusques au plus haut prix » :

> Lucile, jeune et sans fortune,
> Fait la connaissance d'Orgon.
> Elle fut au bois avec Damon,
> C'est un soir, au clair de la lune ;
> Mais elle oublie le damoiseau
> Pour se donner un bon chapeau.

Pourquoi la Blonde Elancée ou Fanchon n'en feraient-elles point ainsi ? Qu'elles méditent cet exemple :

> Gripefort, procureur avare,
> A sa femme ne donnait rien ;
> Survient un Monsieur J. (?) Firmin
> Et l'argent lui devient moins rare ;
> L'amant fait cent et cent cadeaux :
> Le mari fournit les chapeaux (1)

Mais les chapeaux ne sont point la seule cause de la faveur de cette marchande. C'est par ses robes et leur choix vraiment rare qu'elle triomphe. C'est elle qui pare les filles publiques de ces *robes romaines à la Clio*, de ces *chemises grecques*, de ces *tuniques à l'antique* et de ces *redingottes (sic) à la Thessalie* qui les dénudent outre mesure, plaquent sur leurs formes souples les linons transparents, les organdis légers ou les vaporeuses nankinettes.

Chacune de ces robes est d'ailleurs une merveille d'invention et c'est grâce à elles que nous pouvons nous représenter fidèlement les élégances des filles publiques de la Terreur. Voici la *robe romaine à la Clio*. De la clavicule (ainsi parle la citoyenne Lisfrand) elle tombe jusqu'à terre en une queue harmonieuse, offrant l'inestimable propriété de raccourcir la taille de celles-là qui l'ont trop longue ou d'allonger celles qui sont trop courtes. Cette robe prévoit toutes les imperfections, et, grâce à elle, plus de bras trop longs, plus de coudes cagneux. Elles les cache ou les découvre à

(1) *Les Soirées de Célie*, 1794.

volonté. De plus, elle est *d'une tournure rare* (1), et son prix varie, suivant l'étoffe, de 450 à 180 livres (2). Il faut être de la dernière pauvreté pour ne point se l'offrir.

Cette tournure rare ne le cède qu'au *beau simple et d'un superbe effet* de la chemise grecque qui s'ouvre sur les bras à la manière turque. Ainsi diverses nationalités collaborent au bon goût d'une parure nouvelle. La chemise grecque dégage la poitrine, fait des nymphes vénales une pudique vestale. C'est Athènes et son blanc cortège d'hétaires que la citoyenne Lisfrand fait errer au Camp des Tartares. La Chevalier ou Georgette peuvent s'en parer aux frais d'un amant libéral, d'autant plus que le prix de la chemise grecque est celui de la robe romaine. Ainsi, pour les amateurs de l'antiquité, Aspasie peut se retrouver sous les traits et le vêtement de Peau d'Ane, laquelle montrera à ses adorateurs autant de complaisance que la femme de Périclès en eut pour les siens.

C'est Sparte et ses brûlantes vierges qu'évoque

(1) Prospectus de la citoyenne Lisfrand.
(2) Voici les prix des robes romaines, des chemises grecques et des tuniques à l'antique : en pékin ou velouté, 450 livres; en pékiné sans être doublé, 290; en taffetas, 380; en gros de Tours rayé, 290; en grosgrame rayé satiné, 260; en sirfakas, 220; en sicilienne, 190; en joli linon, 200; en beau linon, 350; en organdis, 240; en mousseline unie, 220; en croisière de soie noire, 280; en fortes gazes rayées, 180; en nankinette 240; en toile peinte, 220.

MAISON EGALITÉ,

près le Café de Foi, N°. 41, A PARIS.

Magasin de Vêtemens pour les Femmes et Enfans, dans tous les genres imaginables, tant pour parure, que demi parure, négligé et pour bal.

La Cne. LISFRAND, jadis TEILLARD, Auteur des Robes de Fantaisie, a l'avantage de prévenir ses Concitoyennes de tous les objets nouveaux qu'elle a de faire pour le Printems & l'Eté en toutes sortes d'étoffes des trois saisons, comme Pekin velouté, Taffetas, Gros de Tours rayé, Grosgrames rayés, satinés, Siciliennes, Sufakas, Linons, Organdis, Mousselines unies, Gazes fortes rayées, Croisière de soie noire, Toiles peintes, &c.

La Citoyenne LISFRAND fait exécuter toutes sortes de Bonnets à la française, ainsi qu'à la romaine & à la grecque; charmans Chapeaux en paille & autres pour parure & demi-parure, depuis 15 liv. jusques au plus haut prix.

Elle fait aussi la commission en tous genres, comme Dentelles, Bijoux de fantaisie, Fleurs, Plumes, Rouges, Gans, Odeurs, Bas, Souliers, ainsi que la partie des Meubles.

ROBE ROMAINE A LA CLIO.

Ce vêtement prend depuis la clavicule jusqu'à terre, faisant queue; il rend la taille courte & longue à volonté. La coupe des manches est disposée à être courte ou longue à volonté, elles sont ornées avec glands et bracelets: cette forme est d'une nouveauté rare.

CHEMISE GRECQUE.

Celle-ci est une taille dans un autre genre, quelques plis artistement arrangés derrière et serrés par des nœuds de rubans, font un effet des plus agréable. La poitrine est un peu dégagée & le tour est une draperie légère pincée par des glands, les manches courtes & ouvertes sur le bras à la turque, des enjolivemens en laine; elle est d'un beau simple & d'un superbe effet.

TUNIQUE A L'ANTIQUE.

Elle part des épaules jusqu'à terre; un corsage, vient le corps ferme en dessous, elle se ferme par les deux épaules par une espèce d'agraffe, la poitrine à demi-couverte en coupe carrée; elle se peut à volonté à la taille par une ceinture à la sauvage; elle est d'une grande tournure.

RÉDINGOTTE A LA THESSALIE.

Cette forme dessine la taille avec grace, dégage le col & la poitrine, elle ferme par un seul nœud de ruban & une ceinture à la Zélie.

En Pekin ou velouté	410
Pekin sans être doublé	290
Taffetas	350
Gros de Tours rayé	290
Grosgrame rayé, satiné	260
Sufakas	220
Sicilienne	190
Joli Linon	200
Beau Linon	250
Organdis	240
Mousseline unie	220
Croisière de soie noire	220
Fortes Gazes rayées	180
Nankinette	240
Toile peinte	220
En Pekin ou velouté	410
Pekin sans être doublé	290
Taffetas	350
Gros de Tours	290
Grosgrame rayé, satiné	260
Sufakas	220
Sicilienne	190
Joli Linon	200
Beau Linon	250
Organdis	240
Mousseline unie	220
Croisière de soie noire	220
Fortes Gazes rayées	180
Nankinette	240
Toile peinte	220
En Pekin ou velouté	400
Pekin sans être doublé	290
Taffetas	340
Gros de Tours rayé	290
Grosgrame rayé, satiné	260
Sufakas	220
Sicilienne	190
Joli Linon	200
Beau Linon	250
Organdis	240
Mousseline unie	220
Croisière de soie noire	220
Fortes Gazes rayées	180
Nankinette	240
Toile peinte	220
En Pekin et velouté	300
Pekin sans être doublé	200
Taffetas	250
Gros de Tours rayé	190
Grosgrame rayé, satiné	160
Sufakas rayé	140
Sicilienne	120
Ras de soie	140
Croisière de soie noire	150
Joli Linon et Organdis	140
Fortes Gazes rayées	130
Nankinette	130

Prospectus de la citoyenne Lisfrand, marchande de modes au Palais-Egalité.

la *Tunique à l'antique*. Pour la réaliser en pékini ou en gros de Tours, on n'a eu qu'à copier le péplum des statues antiques, Minerve ou Junon. L'agrafe de marbre des effigies romaines ou grecques se retrouve ornée d'attributs civiques, faisceau de lances ou lauriers, aux épaules des filles publiques. Un corsage soutient la gorge sous l'ample pli de la tunique qui flotte et rend la courtisane pareille à la Poppée d'autrefois. Mais un tel costume, sobre, simple, uni, peut paraître quelquefois sans grâce. Aussi, pour l'agrémenter, la citoyenne Lisfrand imagine-t-elle une « ceinture à la sauvage » (oui, à la sauvage !), et, avec cet ajustement imprévu, la tunique sera « d'une grande tournure ».

O courtisanes de la Rome de Commode et de Néron, vous qui, suivant le poète de l'Anthologie, parfumiez même le parfum, hétaires de Suburre, porteuses du laurier aguicheur taquinant le passant, prostituées chantées par Palémon le Périégète, mortes du passé, regardez celles qui perpétuent le rite amoureux dont vous fûtes les prêtresses, regardez-les, elles ont vos tuniques et une ceinture *à la sauvage!* Et vous, nobles et blanches Thessaliennes, honneur du Pinde et de Pharsale, vous, danseuses des belles routes chaudes dont la spirale d'un serpent d'or ornait le joli pied, amoureuses de Phocide dont les cheveux, même blancs, servaient encore d'asile aux amours, que vos cendres froides dans les urnes funéraires s'émeuvent : les filles publiques du Palais-Egalité portent des *redingottes à la Thessalie!... à la Thessalie!...*

Ceci, si on peut dire, c'est le dernier cri, la suprême invention de la citoyenne Lisfrand. Elle résume tout ce qui distinguait ses autres robes, la simplicité de la tunique à l'antique, la molle élégance de la chemise grecque, les facilités de la robe romaine à la Clio. « Cette forme, annonce le prospectus, dessine la taille avec grâce, dégage le col et la poitrine » En outre, elle s'orne d'une ceinture à... *la Zaïre* (1) ! Mais, pour les filles publiques qu'elle peut séduire, elle a un avantage sans prix. Cette redingote se ferme par un seul nœud de rubans ; le nœud défait, la robe tombe, et si la dame n'a que sa chemise, on devine de quel secours ce nœud peut être dans les situations pressées. Quand un amant n'aura que dix minutes à consacrer aux plaisirs de la volupté, il n'aura garde de prendre une partenaire non vêtue par l'ingénieuse marchande de modes de la *redingotte à la Thessalie*. Ce nœud providentiel lui épargnera les bagatelles de la porte devenues superflues. Avec lui point d'agrafes rebelles, de boutonnières qui résistent ; ce nœud, c'est toute une providence.

(1) C'est « le souvenir de Voltaire honoré dans la plus célèbre de ses « tragédies ». L. Augé de Lassus, *vol. cit.*, p. 117.

Rapidité, commodité, élégance, c'est le programme de la citoyenne Lisfrand (1).

Outre les robes, elle offre des dentelles, des bijoux, des fleurs (et plumes), des odeurs, des bas des pommades, des « gans » et des chaussures, ces chaussures qui constituent une des recommandations élégantes (et rimées) du *Tableau de Paris* :

> Pour bien amorcer le chaland,
> Prenez un cordonnier galant
> Juste à votre mesure,
>   Hé bien !
> Qui fasse une chaussure,
> Vous m'entendez bien ;
>
> Une chaussure, jeune Hébé,
> Quoi qu'en dise monsieur l'abbé,
> Car, pour fille agissante,
>   Hé bien !
> La mule est trop glissante
> Vous m'entendez bien ;
>
> Glissante, dès qu'à l'unisson
> Vous répétez mainte chanson
> Propice au doux mystère,
>   Hé bien !

(1) Les prix de la *redingotte à la Thessalie* sont sensiblement différents de ceux des autres habillements du même prospectus : en pékin et velouté, 300 livres; en pékiné sans être doublé, 200; en taffetas, 290 ; en gros de Tours rayé, 190; en grosgrame rayé satiné, 150; en sirfakas rayé, 140 ; en sicilienne, 120 ; en raz de soie, 140 ; en croisière de soie noire, 190 ; en joli linon et organdis, 140 ; en fortes gazes rayées, 120 ; en nankinette, 150.

Qu'on célèbre à Cythère,
Vous m'entendez bien ;

A Cythère, asile où l'Amour
Réside avec sa noble cour
Aux abbés d'ordinaire,
Hé bien !
C'est un bon séminaire,
Vous m'entendez bien (1) !

Ainsi parées, ayant sur la nuque les milles bouclettes bien étagées qu'exige la « coiffure à la lucarne », l'oreille garnie de petites guillotines d'or ou d'argent (2), — tragiques et sinistres bijoux, — serrées, dès 1795, dans de pourpres *ceintures à la victime* (3), on peut les regarder passer avec un certain plaisir, ces belles courtisanes de l'ère jacobine, ainsi que les évoquent les charmantes et fraîches aquarelles de Debucourt. Elles donnent à ce siècle, de par leurs modes, une légèreté que n'acquit jamais l'époque où, sur Versailles, l'Europe prenait le ton, le bon ton. Tout est vaporeux, aérien, ailé, semble-t-il, dans ces grandes robes onduleuses, transparentes que la fille Cabarrus rendra indécentes sous le Directoire, qui montreront alors ce que les filles publiques du Jardin-Egalité se contentent de laisser deviner maintenant. C'est que la Révolution, encore austère sui-

(1) *Le Tableau de Paris ; étrennes aux beautés parisiennes*, 1789.
(2) Sébastien Mercier, *Le Nouveau Paris*.
(3) *Le vrai double Matthieu Laensberg ou le bon astrologue pour 1839* ; Lille, 1838, p. 79.

vant l'idéal brisé de Robespierre, les condamne à la rue, au jardin-lupanar, leur ferme les salons, c'est-à-dire les lieux de réunion où la crapule thermidorienne les fera monter. On ne parlera plus alors, comme le maigre avocat artésien, de la morale publique outragée, puisque la morale politique s'incarnera dans la femme Tallien, la veuve Beauharnais et la déconcertante Juliette Récamier. Ces filles-là n'auront pas la franchise de leur métier, elles en laisseront l'honneur, si la décence excuse ce mot, aux promeneuses des Galeries de Bois, pour n'en estimer et conserver que le bénéfice et les profits.

On peut préférer les dernières.

Elles, du moins, ne déguisent ni ne dissimulent rien. On n'a pas avec elles la surprise d'un tarif établi après coup. Si elles réclament, ce n'est que pour des faveurs supplémentaires non inscrites au programme, et voilà tout. C'est pourquoi il faut savoir leur rendre justice, car est-ce leur faute, à elles, si elles n'ont point eu dans leur lit un Barras ou un Bonaparte?

Une coiffure révolutionnaire

IV

Le jeu sous la Monarchie. — Le tripot de l'Autrichienne. —
— L'ambassadeur croupier. — Chevaliers de Saint-Louis,
taillez ! — Les trente-deux maisons de jeu du Palais-Egalité.
— « Avez-vous du pouvoir exécutif de pique? » — Un écumeur du tapis vert. — Le policier Monti, ennemi du jeu.

Entre le tapis vert du tripot et la table du traiteur, s'encadre la vie de la fille publique au Jardin-Egalité. Ce ne serait en faire qu'un tableau très incomplet que d'oublier l'un ou l'autre de ces éléments dont elle est le soutien, la richesse, la prospérité. C'est le sourire de la prostituée qui mène l'étranger au creps, à la roulette, au trente-et-un, au passe-dix, au biribi.

Le jeu, c'est une plaie de la Révolution, oui, mais ce n'est pas une plaie due à la Révolution. Cette plante vénéneuse, elle l'a trouvée en fleur à son aurore, et le courage ou la force lui manquèrent pour l'arracher du sol français. Ses racines tenaient trop profondément à la société, et il semblait que l'énergie de la Révolution se fût épuisée à abattre la Royauté. Elle désarma devant le jeu comme elle désarma devant la prostitution.

.C'est de haut qu'était venu le funeste exemple qui devait causer tant de ruines, tant de malheurs et assurer aux tripots la tragique auréole avec laquelle ils comparaissent devant l'histoire. Aux beaux jours de Versailles, le jeu avait été la passion de Marie-Antoinette. Son frère, Joseph II, visitant un jour son salon, fut témoin du scandale qu'il offrait et le mot *tripot*, dont il le qualifia, pouvait, en toute vérité, lui être appliqué. Pour 7 000 louis gagnés par l'Autrichienne, un soir, à Marly (1), que de sommes laissées par elle sur les tables de Trianon et de Versailles ! C'est là que la comtesse d'Artois perdit 25 000 livres et qu'un coup de cartes chiffra la perte de Madame à 50 000 livres. C'est là encore qu'un soir le comte Arthur Dillon fut volé d'un portefeuille bourré de billets de la Caisse d'Escompte avec lequel il était venu au jeu de la reine ; là aussi que des dés marqués, c'est-à-dire pipés, devaient être trouvés en de nobles mains.

« On sait, écrit M. H. Monin, combien le jeu de la Reine et des princes était excessif. Le comte d'Artois perdit une nuit 800 000 livres et osa le len-

---

(1) Gaston Maugras, *Le Monde, le jeu, les courses à la cour de Marie-Antoinette*, 1894.

demain demander un million à son frère pour faire la somme ronde : cela en 1787 (1). »

Il est vraisemblable que, de la ville, la gangrène avait gagné la cour. Là, le jeu s'était acclimaté dans des conditions de sécurité éminemment favorables. En effet, par une singulière compréhension des devoirs diplomatiques et de leurs responsabilités, par un mépris au moins abusif du respect de l'hospitalité et de ses obligations, les ambassadeurs de quelques puissances avaient fait de leur hôtel de véritables maisons de jeu. En 1781, le lieutenant de police Lenoir osa les dénoncer au Parlement. Un haut magistrat pouvait seul s'autoriser cette audace qui fit d'ailleurs scandale, mais ne mit en pratique aucun remède. Lenoir disait :

M. le chevalier Zeno, ci devant ambassadeur de Venise, a aussi établi toutes sortes de jeux de hasard dans son hôtel. Là, toutes personnes de tous états, connues ou inconnues, étaient admises. Les joueurs s'y portant en foule on y a multiplié les salles où les joueurs avaient un libre accès. Une de ces salles, plus particulièrement ouverte aux personnes d'un état vil et obscur, était appelée *l'Enfer*. Cette maison où le désordre et le scandale ont subsisté pendant longtemps et dont j'ai été instruit plutôt par la notoriété publique que par les agents de la police, auxquels la porte en était interdite, n'a été fermée qu'au départ de cet ambassadeur, envers qui toutes

(1) H. Monin, *L'Etat de Paris en 1789, études et documents sur l'ancien régime à Paris* (collection des documents relatifs à l'histoire de Paris pendant la Révolution française, publiée sous le patronage du Conseil municipal) ; Paris, 1889, p. 417.

les représentations ont été vaines. Mais depuis et successivement on a ouvert des jeux de hasard chez trois autres ministres étrangers : le premier, place du Louvre, dans un hôtel ayant pour inscription : *Ecuries de M. l'ambassadeur de Suède;* un autre, rue de Choiseul, sous le nom de M. l'Envoyé de Prusse; et le troisième, rue Poissonnière, chez M. l'Envoyé de Hesse-Cassel (1). »

La Reine dans le nouveau jeu de cartes républicain.

La conduite pour le moins étrange de ces singuliers ambassadeurs se qualifie d'elle-même, mais que dire du souverain dont l'inertie et le silence donnent une sanction publique à ce scandale, source de ruines

(1) Compte rendu fait au Parlement, le 13 février 1781, par le lieutenant de police de la quantité des jeux, tant publics que particuliers, des noms et qualités de ceux qui donnent à jouer et des banquiers des jeux; *Archives nationales,* série X 1B 8975.

et de suicides ? Il est vrai qu'en proscrivant les jeux clandestins ou publics de la ville, Louis XVI s'obligeait tacitement à supprimer ceux de la cour. Mais c'était là une autre affaire, et on n'ignore pas que la volonté de l'Autrichienne fut toujours celle du roi. Pour tolérer le jeu de la reine à Versailles, on permit le jeu des ambassadeurs à Paris. Ce n'était là qu'un des nombreux désordres qui devaient nécessairement, par une fatalité aussi logique qu'implacable, conduire la monarchie à sa ruine et préparer les voies à la Révolution, car il est incontestable que le mouvement populaire de 89 aurait eu d'autres résistances à vaincre s'il s'était attaqué à un régime honnête, sinon austère, d'un passé digne et probe.

On comprend aisément que l'exemple venu de haut ne tarda pas à être suivi par les autres fractions de la société. Des ambassadeurs, le jeu descend chez les nobles et les gens de moindre qualité. C'est encore Lenoir qui donne ces détails :

MM. les marquis et comte de Genlis rassemblent très fréquemment dans une maison située place Vendôme, et dans une autre sise rue Bergère, une société nombreuse de gros joueurs ; l'on prétend qu'il s'y fait des pertes énormes.

Puis voici le menu fretin, des noms d'aventuriers, de femmes du demi-monde :

Une autre société se réunit chez la dame de Selle, rue Montmartre ; une autre se rassemble également chez la dame de Champeiron, rue de Cléry ; chez les dames de la Sarre, place des Victoires ; chez la dame de Fontenille, cour de l'Arsenal. Je les ai avertis et fait avertir. On m'a partout donné cette réponse commune, que ce n'étaient que des plaisirs de société, qui avaient été tolérés de tout temps, et qu'il ne se passait rien dans l'intérieur de leurs maisons que ce qui pouvait avoir lieu partout ailleurs (1).

Il fallait pourtant sévir, le scandale devenant intolérable. Mais ce ne sont point les noms de M. M. de Genlis, par exemple, qu'on peut relever sur les sentences de police qui deviennent assez nombreuses à partir de 1789. Au contraire, d'obscurs comparses, des tenanciers inconnus sont frappés, tel le sieur Gillot qui a prêté sa maison aux nommés Maubion et de Heppe pour y donner à jouer. Le 8 mai 1790, il est condamné à 600 livres d'amende ; Maubion et de Heppe se voient en même temps frappés d'une amende de 600 livres, et l'affichage du jugement est ordonné dans les soixante districts. Il y a quelquefois, entre les peines prononcées pour le même délit, une disproportion qu'on ne s'explique guère. Le 29 mai suivant, le sieur Gibbon est condamné à 25 livres d'amende pour avoir donné à jouer à la Rouline. Les billes saisies chez lui sont vendues au bénéfice des pauvres de Saint-Germain-l'Auxerrois, et le jugement est, cette fois encore, affiché dans les soixante districts. On peut en conclure que cette justice distributive épargne les grands tenanciers au détriment des petits.

(1) Compte rendu de Lenoir, déjà cité.

Selon que vous serez puissant ou misérable,
Les jugements de cour vous rendront blanc ou noir.

Cette tolérance met aux tables de jeu des chevaliers de Saint-Louis comme banquiers ou croupiers. Ce sont eux qui taillent, et malheur aux dupes! Ce sont là de rudes adversaires qui, outre qu'ils manient fort bien l'épée, sont inattaquables devant toute juridiction, au cas où on songerait à les traiter en véritables escrocs. Pour eux cependant, contre eux serait plus juste, Lenoir obtient satisfaction. Grâce à lui, cette « basse profession » et ses bénéfices leur sont enlevés. « J'ai porté mes plaintes aux ministres du roi contre ces officiers, dit-il; des ordres sévères ont été donnés : ils se sont retirés. »

— Cette fureur du jeu sous l'ancien régime fait bien présumer de ce qu'elle sera sous la Terreur.

En 1789, le lieutenant de police Thiroux de Crosne compte 53 maisons de jeux prohibées à Paris; Charon, l'orateur de la Commune, en dénonce 4 000 à l'Assemblée nationale. Ni l'un ni l'autre de ces chiffres sont contrôlables, seul l'est celui des tripots du Palais-Royal, et ce chiffre est à lui seul un enseignement : trente et une maisons de jeux! Négligeons celles de la rue de Cléry, de la rue des Petits-Pères, de la rue Notre-Dame-des-Victoires, de la place des Petits-Pères, le numéro 35 de la rue Traversière-Saint-Honoré, le

Frémissez! voila du joueur le sort inévitable!!!.

Frontispice de *A bas tous les jeux!*
par J. C. Mortier, homme de loi.

(*Bibliothèque Nationale.*)

numéro 10 de la rue Vivienne, le numéro 18 de la rue de Richelieu, l'hôtel d'Angleterre, l'hôtel Radziwill pour ne nous occuper que de celles qui s'ouvrent sous les Galeries du Palais-Royal.

L'affiche de la municipalité, à l'occasion de la fête de la Fédération, que nous avons eu l'occasion de citer précédemment, nous a renseigné sur un des moyens de racolage opérés par les tenanciers des tripots pour drainer les dupes. Des hommes, offrant de les mener dans une « jolie société », arrêtaient le passant, faisaient briller à ses yeux les charmes d'une compagnie aimable et de bon ton. Le passant, non prévenu, cédait et c'était une victime de plus que les cartes ou la roulette dépouil-

Le roi dans le nouveau jeu de cartes républicain.

laient. Mais à ce racolage, les femmes s'étaient exercées, elles aussi. N'était-ce point un double bénéfice que ce cumul pour la fille publique, touchant de la main gauche le salaire de sa complaisance amoureuse et recevant, de la main droite, la prime allouée par le tenancier du tripot où elle menait sa dupe?

De ces trente et une maisons du Palais-Egalité, nous avons la liste (1), et une dénonciation du temps (2) en a légué les numéros occupés sous les Galeries à l'histoire.

Ce sont le 14 ; 18 ; 26 ; 29 ; 33 où un ancien laquais de la Dubarry, le sieur Dumoulin, est crou-

---

(1) *Liste des maisons de jeu, académies, tripots, banquiers, croupiers, bailleurs de fonds, joueurs de profession, honnêtes ou fripons, grecs, demi-grecs, racoleurs de dupes, avec le détail de tout ce qui se passe dans ces maisons, les ruses qu'on y emploie et le nom des femmes qu'on met en avant pour amorcer les dupes ;* Paris, 1791, imprimerie du Biribi, in-8°, 16 pp.

(2) *Dénonciation faite au public sur les dangers du jeu ou les crimes de tous les joueurs, croupiers, tailleurs de pharaons, banquiers, bailleurs de fonds, de biribi, de trente-et-un, de parfaite égalité et autres jeux non moins fripons, dévoilés sans aucune réserve ; l'on y trouve les noms, surnoms, demeures, origines et mœurs de toutes les personnes des deux sexes qui composent les maisons de jeux appelées maisons de société ;* Paris, imprimerie du sieur Baxal, docteur dans tous les jeux, et se vend au Palais-Royal avec permission tacite, aux n°s 180, 123, 164, 13, 44, 29, 33, 36, 40, 60, et rue de Richelieu hôtel de Londres ; 1791 in-8°, 48 pp.

pier ; le 36, sévèrement tenu, semble-t-il (1) ; le 40 ; 44 ; 50, royaliste et recherché des suspects, car c'est là que la femme Sainte-Amaranthe sait habilement mêler les charmes du biribi à ceux de la galanterie (2) ; le 55 ; 65 ; 80 ; 101 ; 113, qui compte le plus de suicides à son actif (3) ; le 121 ; 123 ; 124 (4); 127 ; 137 ; masque du titre de *Club de la Liberté ;* le 145, devenu lui aussi club, mais

(1) « Au 36, les femmes étaient exclues, et pour enlever aux joueurs tous les genres d'excitants, on ne servait (gratuitement) que des boissons rafraîchissantes et peu dangereuses, de la bière et des bavaroises. » Henri d'Almeras, *Les Romans de l'Histoire : Emilie de Sainte-Amaranthe;* Paris, 1904. p. 102.

(2) *Ibid.*, p. 114.

(3) « Nous sommes au 5 du mois, et à dater du 1er il y a déjà eu trois suicides pour cause de jeu. Le premier est un chef d'atelier, qui, depuis longtemps, ne quittait pas le malheureux 113, où il jouait tout ce qu'il gagnait, en jurant, lorsqu'il en sortait, qu'il allait se jeter à l'eau, il a enfin tenu son affreux serment. C'est un père de famille qui laisse une femme et des enfans en bas âge, dans la plus profonde misère. Il gagnait cinq francs par jour... Le troisième suicide est celui d'un jeune homme de vingt-cinq ans, qui venait de se marier et de s'établir batteur d'or. M... lui avait confié un lingot d'or ; il le changea en espèces qu'il perdit au n° 113. *L'Observateur des maisons de jeu*, n° 2, p. 82. — Il n'y eut que 9 livraisons de ce journal, in-8°, qui parut de février à juin 1819.

(4) « Dans la nuit du 7 au 8, un homme d'environ 50 ans s'est brûlé la cervelle avant de rentrer chez lui. Il sortait du 124 où il avait fait une perte considérable. ». *Ibid.*

Club Polonais ; le 167 ; 190 ; 191 ; 192 ; 193 ; 00; 201; 203; 209; 210; 232; 233; 256. Ces maisons occupaient un personnel nombreux au point qu'on pouvait leur attribuer une dépense quotidienne de 254 livres en surplus du loyer, de l'éclairage et des autres menus frais (1). Les croupiers de roulette y touchaient de 12 à 30 livres par jour ; les inspecteurs du salon, de 12 à 18 livres, et les employés du vestiaire, 3 livres (2). Qu'on ne s'étonne donc pas de les voir montées sur un pied seigneurial. avec des salons d'une somptuosité inouïe, décorés de glaces, de tableaux, de lustres de Venise, avec des buffets à réjouir le plus difficile des gastronomes. Mais malgré tout cela, une chose était plus particulièrement remarquable : le silence.

Silencieuses ces bouches tordues par la fièvre du jeu, crispées par la fureur du gain ou le désespoir des pertes, silencieux ces joueurs penchés sur le mouvement de la roulette infernale, silencieux ces lutteurs de la mauvaise chance dardant des prunelles enflammées sur les cartes annonçant à la fois le désastre des uns et la fortune des autres. C'est dans ce silence funèbre que Barnave perdit

---

(1) *A bas tous les jeux*, par J. C. Mortier, homme de loi, à Paris, chez Pelleté, imprimeur, rue Française, n° 13, division du Bon Conseil et chez tous les marchands de nouveautés, p. 37.

(2) *Ibid.*

un soir 30 000 livres (1) ; qu'un Anglais fut escroqué de 11 000 louis d'or (2) ; qu'un mourant se gagna par un or inutile de magnifiques funérailles (3).

Là se calculent les martingales qui échouent comme toutes les martingales, quoique recommandées par des brochures que tous les joueurs achètent (4), là le trente-et-un, déjà dénoncé par Lenoir en 1781 (5), ruine à chaque partie la moitié des joueurs acharnés à cette « folie du jour (6) », là

---

(1) *Journal de la cour et de la ville*, mars 1791.
(2) *Chronique de Paris*, octobre 1791.
(3) E. et J. de Goncourt, *vol. cit.*, chap. 1.
(4) *L'Art de voler méthodiquement dévoilé en faveur des joueurs ou Examen du jeu de la roulette, suivi des dangers imminents de ce jeu ; perte démontrée pour les joueurs, moyens pour gagner à ce jeu invariablement ;* se trouve à Paris chez tous les marchands de nouveautés, an IX, in-8°, 12 pp.
(5) « Le jeu de trente-et-un qu'on dit être plus dangereux *(que le biribi)* et qui paraît avoir plus d'attraits pour les joueurs. » *Compte rendu de Lenoir*, déjà cité.
(6) *Le trente-et-un dévoilé ou la Folie du jour ; dédié à la jeunesse par C. N. Bertrand ;* Paris, chez l'auteur, rue Louis-Honoré, n° 8, près celle de l'Echelle ; an VI, 1798, in-8°, 88 pp.

s'exaspèrent toutes les fureurs, tous les espoirs, toutes les fièvres.

> S'il est quelque joueur qui vive de son gain,
> On en voit tous les jours mille mourir de faim.

Cela, un pamphlet qui s'essaie à être un roman, le dit en vers de mirliton, mais, si on croit peu aux romans, le joueur croit encore moins aux vers (1), surtout s'ils sont mauvais et s'ils lui prédisent sa ruine. Tandis qu'il s'immobilise autour de ces tapis verts où se jouent ses destins, des filles publiques circulent par le salon, belles, à l'éclat des girandoles et à la lueur des lustres, de tous leurs fards, illuminées des feux de leurs diamants — vrais ou faux, — attirantes, suprêmes récompenses de la volupté à ceux qui surent violer la fortune et la contraindre à leur volonté.

Comme des éperviers ou de fauves aiglonnes, elles s'abattent sur le joueur heureux, prélèvent leur dîme sur le gain, l'entraînent. Un petit salon avec des sophas et des ottomanes n'est-il pas là tout proche ?

---

(1) *Adel... ou la joueuse malheureuse en trente-et-un et ses promenades dans les jeux du palais du Tribunat, par un auteur qui a fini par se brûler la cervelle ;* à Paris, imprimerie de A.-Cl. Forget, dans tous les tripots ; an X, in-8º, 88 pp.

Et l'or du tapis vert sonnera bientôt dans les sacoches de velours brodé des nymphes qui surent, à leur tour, le gagner.

Le valet dans le nouveau jeu de cartes républicain.
(Cabinet des Estampes.)

La Révolution a un jour jeté quelque désarroi parmi tous ces fervents du jeu ; c'est quand, en 1792, elle a proscrit des cartes le roi pour en faire le *pouvoir exécutif*. « Avez-vous le pouvoir exécutif de pique ? » a remplacé « Avez-vous du roi de pique ? » On ne change point ainsi de vieilles habitudes. Néanmoins, on a cherché mieux, et les citoyens Jaume et Dagouré ont trouvé. Grâce à eux, le Roi est devenu le Génie ; la Dame, la Liberté ; le Valet, l'Egalité ; l'As, la Loi. Cœur, trèfle, pique et carreau ont troqué ces noms d'ancien régime contre ceux de Guerre, Paix, Art et Commerce, chez les Rois. Quant aux Dames, les voici Liberté de culte, Liberté de mariage, Liberté de presse, Liberté de professions; pour les valets, on a les Devoirs, les Droits, les Rangs et les Couleurs; et qu'un vieux joueur aille se reconnaître dans ces nouvelles méthodes ! Bien peu y résistent. Quant aux tripots, où le joueur est toujours pressé, ils prennent le parti d'ignorer la nouvelle invention qui, si elle est peu pratique, n'en est pas moins ingénieuse. Ces cartes sont exécutées d'une façon charmante, petites images civiques qui ne feront pas oublier à qui les tient les plaisirs du joueur pour les devoirs du citoyen. Grâce à elles, on saura, en tenant la dame de trèfle, « que la fidélité des époux doit être mutuelle pour être durable » et, en abattant le valet de carreau, on se souviendra avec fruit que « le courage venge enfin l'homme de couleur du mépris injuste de ses oppresseurs (1) ».

Ce sont là des leçons, des maximes dont ne s'inquiètent guère des joueurs. Ils les ont considérées un instant avec une narquoise curiosité et en sont restés aux cartes où le Tyran et la Louve autrichienne affirment les hasards de la fortune. Faisons comme eux, et passons.

(1) *Description raisonnée des nouvelles cartes de la République française ;* de l'imprimerie des nouvelles cartes à jeu de la République française, rue Saint-Nicaise, n° 11. — (*Collection Hennin ; Cabinet des Estampes.*)

Il n'y a pas que les joueurs et les filles qui gravitent autour des tapis verts. La source de tant de bénéfices scandaleux, nuancés de quelque filouterie, devait naturellement devenir l'objet de convoitise d'autres malandrins plus mal partagés. Ainsi qu'autour des entreprises financières louches on voit évoluer, requins qui attendent leur cadavre, des maîtres-chanteurs de tout poil, les tripots de la Terreur étaient mis en coupe réglée par de véritables bandes de coquins commandées par des gaillards de grande audace. Il est évidemment difficile de les passer tous en revue ici, aussi nous faut-il choisir parmi eux un terroriste de tripots de haute marque. Nous le trouverons en la personne du sieur Venternière.

Qui est-il ? D'où sort-il ? Cela semble assez difficile, sinon impossible, à retrouver. Force nous est de le regarder à l'œuvre et de le suivre dans quelques-uns de ses exploits avec le concours de l'observateur Monti dont la dénonciation, à la date du 24 pluviôse an II (12 février 1794), va nous être précieuse (1).

Venternière, vers 1791, avait formé, avec des coquins de sa trempe, au nombre d'une vingtaine, une bande redoutable qui s'intitulait elle-même, au dire de Monti : « Gens menge ou mangeurs dhommes. » Venternière et ses amis se contentaient de manger l'argent des tenanciers des jeux. Leur moyen de procéder était simple. En troupe, ils

(1) *Archives nationales*, série W, carton 191.

pénétraient dans le tripot choisi, mandaient le maître des jeux et lui exposaient leurs désirs « ou autrement du tapage ». Le tenancier cédait souvent aux prétentions de la bande des « mangeurs dhommes » et remettait la rançon de sa tranquillité. En ce cas, le rôle de Venternière était terminé. La compagnie de maîtres-chanteurs descendait pour continuer ses exploits dans le tripot voisin.

Mais il n'est si beau jeu qui ne finisse. La troupe de ces brigands devait en faire la triste expérience. En ce temps, le 36 du Palais-Egalité était tenu par des agioteurs qui avaient pris leurs précautions pour assurer le libre exercice de leur exploitation. Nous l'avons déjà dit, de ce tripot les femmes étaient exclues, ce qui témoigne d'une particulière attention des tenanciers pour leurs joueurs. Cependant, ce n'était point à cela seul que s'étaient bornés leurs soucis. Parmi les oisifs peu fortunés, porteurs sans ouvrage, valets sans maîtres, cochers sans voitures, peuplant les Galeries du Palais-Egalité, ils avaient recruté une troupe solidement armée, dressée à défendre toute invasion du tripot (1).

C'est à ces gardiens salariés, meute redoutable au seuil du chenil, que Venternière et sa bande vinrent se heurter en frimaire an I (novem-

(1) « Les mètres (sic) du jeu avait leur monde qu'il payait aussi pour le défendre » écrit Monti dans son rapport.

bre 1793). Cette fois, les coquins trouvèrent à qui parler. Bâtons et cannes entrèrent en jeu. Ce que Monti appelle la « clique de Venternière » reçut une merveilleuse correction, au point que le chef de la bande, quelque peu endommagé, resta sur le carreau. Il le quitta bientôt pour aller en prison.

Cette fois, les « mangeurs dhomme » furent dispersés. L'arrestation du chef, l'accueil imprévu du numéro 36, c'étaient là des raisons suffisantes pour les décourager. Cependant, Venternière devait être bientôt rendu à la liberté. Les tenanciers n'étant guère plus intéressants que le maître-chanteur, on se garda de poursuivre l'affaire. Il se passa alors un fait qui demeure assez obscur. « Quelques jours après qu'il fut sorti de prison, écrit Monti, il fut mendé à la Comune ; la Comune lenvoya prisonnier à la consiergerie (1). »

Qui manda Venternière à la Commune ? Pourquoi fut-il mandé ? On ne sait et il est impossible de suivre les traces de cette nouvelle affaire. Sans doute, les tenanciers du 36 redoutaient-ils quelque nouvelle visite dont l'issue leur pouvait être moins heureuse ou craignaient-ils plus simplement la vengeance du coquin ? Ce sont là des raisons qui, peut-être, sont bonnes, mais qu'on ne saurait affirmer avec certitude. En juillet 1794, après une détention de sept mois, Venternière sortit de la Conciergerie, prêt à prendre part à

(1) Monti termine en disant : « Les registres existent lon peut prendre conaisence des faits. »

l'émeute du 10 août. Peut-être y joua-t-il un rôle et en profita-t-il pour réclamer une récompense, une compensation, un emploi ? Cela semble certain, puisque le ministre de la guerre le chargea d'une mission aux environs de Landau en qualité de commissaire du pouvoir exécutif. Il en revint en pluviôse an II et alla habiter au numéro 15 de la rue Lepelletier. Il eut la sagesse de se faire oublier. N'est-elle véritablement pas curieuse cette histoire d'escroc mué en commissaire des guerres, parti organiser l'administration des armées aux frontières après avoir rançonné le tapis vert du Palais-Egalité ? C'est grâce à l'observateur Monti que nous la connaissons. Monti semble, d'ailleurs, s'être fait une spécialité de la surveillance des maisons de jeux. Ses rapports, d'une orthographe déconcertante et pittoresque (1), fourmillent d'incidents curieux qui, à eux seuls, composeraient un volume.

C'est lui qui remarque que, dans la police de l'ancien régime, des inspecteurs étaient principalement chargés de la surveillance des jeux, et que cette surveillance fait totalement défaut depuis la Révolution. « Et dans le régime actuel il y faut des surveilant, dit-il, ou il faut détruire totale-

---

(1) Voici de quelle manière il écrit certains mots : *jardain*, pour *jardin* ; *lencienne*, pour *l'ancienne* ; *lotau*, pour *loto* ; *esgrots*, pour *escrocs* ; *destraction*, pour *d'extraction* ; *confraires*, pour *confrères* ; *lignorais* pour *l'ignorer*... Mais il faut renoncer à les énumérer. Chaque rapport offre plusieurs de ces savoureuses surprises.

ment les jeux des cartes. » La proposition vient certainement d'un excellent naturel, mais, comme celle de Prévost, conseillant la démolition des cabarets des Champs-Elysées, elle n'a que le défaut — et le mérite — d'être excessive. A l'appui de ses dires, Monti donne des exemples, car les faits et les dénonciations constituent la plus grosse part de son dossier. Il raconte :

> Un citoyen il y a deux jours étant au jardain égalité dans la maison du n° 29 où l'on joue sans discontinuer vit avec surprise que le plus grand nombre des joueurs qui ne désemparent pas de ce tripot sont pour la plus grande partie des escrocs, plusieurs de ces joueurs avaient été arêtés il y a quelque temps mais ils viennent dêtre mis en liberté et recomencent leur brigandage tout comme auparavent. Ce citoyen vit filouter dans un petit espace de temps qu'il resta là 600 livres à un citoyen. Le citoyen de qui je tiens le fait indigné dune volerie si révoltante fut au comité révolutionnaire de la section de la montagne pour leur faire par de ses coquineries.

L'initiative de cet honnête citoyen est loin d'être couronnée par le succès qu'elle mérite. Le Comité révolutionnaire est occupé de choses beaucoup plus graves. Aussi lui répond-on :

> ...Qu'ils n'avait pas le temps de lentendre ce qui fait qu'il ne furent pas aretés et qu'ils profiteront de leurs escroqueries. Au salon dit doré le fils dun député il y a quelques jours i fut escroqué de même pour la somme de 7 à 8 mille livres (1).

Aussi qu'allait-il faire dans cette galère ?

(1) Rapport de police du 1ᵉʳ pluviôse an II : *Archives nationales*, série W, carton 191.

Mais ce dont Monti paraît prendre soin particulièrement, c'est de signaler l'heure à laquelle on peut opérer des descentes chez « des êtres qui ne seront pas des plus contens de cette visite ».

C'est ainsi qu'il écrit le 4 pluviôse (23 janvier) :

Dans la rue de la loy cidevant richelieu à l'hôtel de Londres (1) il vient de se former tout nouvelement une societté qui pourra devenir dangereuse sy lon ne sempresse de la détruire dans son comencement. Cette societté a des agens qui sous le menteau recrutent des proselites en les invitans de venir pour y jouer. Il est bon de savoir que dans cette maison lon y joue toutes sortes de jeux défendus et principalement le biribi. Le banquier de ce jeu est le nommé Jits, maître paumier de la rue de Seine faubourg St. Germain et celui qui tien le jeu est un encien garde du cidevant Capet. Ils sasemblent dans cette maison laprés midi et ils y passent la plus partie de la nuit. Comme cette maison a deux sorties une rue de la loi et lautre par la rue de derrière qui va au jardin (2) il est bon que lon y fasse atention et pour aller leur rendre une visite il faut que lon s'y transporte aux environs de minuit (3).

Deux mois plus tard, c'est une visite pour le 231 du Palais-Egalité que demande Monti. Cette fois encore, il indique les heures où elle peut être faite

---

(1) Dès 1789, l'hôtel de Londres était signalé comme un tripot dangereux. Le rapport de Monti semble faire croire qu'il y existait plusieurs salons de jeu, distincts les uns des autres, et tenus chacun par un banquier ou croupier opérant pour son compte. Le fait n'était pas rare à l'époque.

(2) Probablement la rue Montpensier.

(3) *Archives nationales*, série W, carton 191.

Le 4 pluviôse p.re décadi de l'an 2.e
de la république

Dans la rue de la loy cidevant Richelieu
à l'hôtel de Londres il vient de se
former tout nouvellement une société
qui poura devenir dangereuse sy l'on
ne s'empresse de la détruire dans son
commencement cette société a des agens
qui sous le manteau recrutent des
prosélites en les invitant de venir pour
y jouer il est bon de savoir que dans
cette maison l'on y joue toutes sortes
de jeux défendus et principalement le
biribi le banquier de ce jeu est nommé
jets nière paumier de la rue de Sèvres
faubourg St germain et celui qui
tient le jeu est un ancien garde
du cidevant Capet ils s'assemblent
dans cette maison l'après midi et ils y
passent la plus grande partie de la nuit

Rapport de l'observateur Monti sur une
maison de jeu.
(Archives Nationales.)

Le supplice d'un espion de police, le 8 juillet 1789,
devant le cirque du Palais-Royal.

utilement. C'est son rapport du 9 germinal an II (29 mars 1794) :

> Malgré que lon ait arrêté dernièrement un assés grand nombre de joueurs à l'hotel d'angleterre et dans quelques maisons au jardin du cidevant palais royal cella nempéche pas que le jeu du lotau ne se joue continuellement toutes les aprés-midi dans la maison du n° 231, sous la gallerie vitrée au bout de lallée des boutiques de bois au premier lon peut y faire une visite depuis 6 heures du soir que le fort des individus qui vont la pour y jouer y abondent lon poura y trouver des êtres qui ne seront pas des plus contens de cette visite.

Mais, pour Monti, ce ne sont là que des généralités, et c'est ce que ses observations quotidiennes ont de moins intéressant. Où il apporte des document véritablement curieux sur l'intérieur des tripots, sur les individus louches qui les exploitent et les dupes qu'on y fait, c'est quand il corse son rapport de quelqu'une de ces anecdotes où il excelle. Ainsi, le 9 germinal, il offre celle-ci, précieuse indication sur la psychologie des escrocs du temps :

> Dernièrement dans la maison du n° 29 au jardin-égalité il y avait plusieurs de ses esgrots qui se disputait en attendant quil vint des dupes pour se faire friponner. Javais dénoncé il y a quelque temps des friponneries qui sétait comises dans ses repaires jose croire que cella a contribué un peu aux arrestations qui sy sont faites, le nommé oxoby md de chocolat demeurant rue des bons enfants n° 25 sous larcade qui va au cloitre cidevant St. honoré, Sⁿ *(section)* de la halle aux bleds, cest oxoby est un joueur destraction il disait à ses confraires les autres joueurs en se disputant sy javais le malheur dettre

arrêté au jeu je vous assure que je donnairais la notte de tous les fripons et j'en connais comme vous ne lignorais pas, beaucoup (1).

Quand une visite vient créer quelque désordre dans ces lieux mal famés, Monti se réjouit. Il se « flatte » que c'est grâce à lui qu'on met bon ordre à ce désordre. Aussi se prodigue-t-il dans la plus louable intention du monde, et ses rapports abondent en recommandations. A la date du 19 pluviôse, il s'occupe des joueurs que des gens dans la manière du sieur Venternière dévalisent au sortir des tripots :

> Les patrouilles sont très rares la nuit dans les quartiers qui avoisinent la convention et le cidevant palais royal. Il serait néamoins nessesaire pour la tranquilité publique que les comandans dans ces sections donnassent des ordres pour que les patrouilles fussent plus fréquentes surtout depuis dix heures du soir jusqu'à une heure du matin. C'est pendant lespace de ces trois heures là que les fripons de toute espesse vident les maisons de débauche et des jeux si un honnête citoyen a le malheur de ce trouver sous leurs mains en se retirant chez lui, il se trouve souvent vollé parce que les patrouilles étant très rares les coquins ont toute aisance de cometre leurs brigandages sans avoir la crainte detre surpris ny arrétés (2).

Il faut laisser Monti à ses illusions. Ses rapports ne sont pour rien dans les rafles qu'on opère. Quand on les fait, c'est pour purger le Palais-Egalité des royalistes qui demandent un refuge à la cohue des filles, des filous et des agioteurs.

(1) *Archives nationales*, série W, carton 174, pièce 123.
(2) *Ibid.*, carton 191.

Et alors l'ordre vient d'en haut, de ces Comités du Gouvernement que domine Vadier dans l'un, et où règne Robespierre dans l'autre. Ceux-là prennent soin davantage des dénonciations qui leur parviennent. Parmi trois pages de détails superflus, ils devinent le danger, ils flairent l'ennemi. Et cet instinct est rarement trompé. La clairvoyance de Robespierre, la prudence de Vadier, c'est là ce que Monti prend pour le résultat de ses observations.

Il faut savoir lui rendre grâce. C'est à lui, et à quelques-uns de ses confrères, que nous devons de connaître les dessous de cette déconcertante et surprenante vie de Paris sous la Terreur. De leurs rapports, elle se dégage avec une singulière netteté, et le Palais-Egalité de 93 et de 94 ne demeure plus un mystère resté si longtemps indéchiffrable. On écoutait rugir cette énorme fournaise où se mêlaient tous les éléments disparates et contradictoires de la grande ville en ébullition, on regardait passer le cortège luxurieux des filles publiques, la ruée des joueurs. On ignorait la pensée qui agitait ces êtres bousculés dans la colossale tourmente. Aujourd'hui, nous savons que c'est dans le rapport dédaigné d'un mouchard qu'il nous la faut chercher. Et c'est un coup de scalpel de plus dans le cadavre de cette société révolutionnaire qui, depuis 1793, constitue la plus émouvante et la plus tragique leçon d'anatomie de l'Histoire

V

La littérature érotique au Palais-Egalité. — Estampes licencieuses. — Où il est prouvé que la police est le dernier refuge de la pudeur publique. — Le citoyen poète Florian. — Les libelles et les pamphlets contre Marie-Antoinette. — Les libraires et le Tribunal révolutionnaire.

A cette époque forcenée, deux genres de littérature ont suffi. La première exclusivement politique, la seconde entièrement érotique. Entre elles point de milieu. C'est à la seconde que le cadre de notre sujet nous force à nous arrêter.

Les almanachs galants nous ont déjà montré à quel point cette fureur licencieuse prétendait ignorer les limites, sinon du bon ton, du moins de la décence. Ces publications, à aucune époque, aucun régime n'a pu les prohiber efficacement. Londres, Amsterdam et Bruxelles ont successivement offert aux imprimeurs traqués l'asile propice. En 1793, l'arrêt de la Municipalité du

2 août 1789 était lettre morte, et on ne se préoccupait guère de la défense « de publier aucun écrit qui ne porterait pas le nom d'un imprimeur ou d'un libraire, et dont un exemplaire paraphé n'aurait point été déposé à la chambre syndicale ». Le nom de l'auteur n'étant point exigé, un volume n'avait qu'à paraître *Au Palais-Royal, chez la petite Lolo, marchande de galanteries, à la Frivolité...* et la muscade était passée. L'œuvre la plus infâme acquérait droit de cité, et sous la Terreur, traqués pour les pamphlets politiques, les libraires cherchèrent des profits dans les publications licencieuses. A leurs étalages, le *Catéchisme libertin à l'usage des filles de joie et des jeunes demoiselles qui se décident à embrasser cette profession*, par Mlle Théroigne (1), voisina avec *Arlequin réformateur dans la cuisine des moines ou plan pour réformer la gloutonnerie monacale au profit de la nation épuisée par les brigandages de harpies financières*, par l'auteur de *La Lanterne magique de France* (2), on y trouva *l'Almanach chantant d'Annette et Lubin ou les Délices de la Campagne* (3), côte à côte avec *La Culotte, chanson érotique sur différents sujets et singulièrement sur la Révolution Françoise* (4), par le sieur Bélier,

(1) Paris, 1792, in-8.
(2) Paris, 1789, in-18.
(3) A Paphos et à Paris chez la veuve Tiger, 1792, in-32.
(4) A Paris, chez Girardin, libraire, aux dépens de l'auteur, 1790, in-8, 22 pp.

sergent de la Garde nationale de Versailles. Mais ce ne sont là que plaisirs d'un moment. Le grand

HOMMAGE
AUX
PLUS JOLIES ET VERTUEUSES
FEMMES DE PARIS.
OU
Nomenclature de la Classe la moins nombreuse.

PRÉLIMINAIRE.

Nous disons que la classe la moins nombreuse est celle des jolies femmes, & nous croyons ne pas nous tromper beaucoup. La Nature est avare de ses dons, & elle paroît ne les répandre qu'à regret sur les personnes qu'elle en favorise: aussi devons-nous aux jolies femmes un hommage digne d'elles.

Avant de passer à la Nomenclature des Beautés qui font l'ornement de notre Capitale, nous présenterons quelques Articles qui serviront de base à notre entreprise.

ARTICLE PREMIER.

Nous excluons de notre liste, les jolies femmes qui font trafic ouvert de leurs char-

A

Une liste de jolies femmes devenue rare.
(*Collection Hector Fleischmann.*)

succès va à la *Vie du chevalier de Faublas* de Louvet et aux *Liaisons dangereuses, lettres recueillies dans une société et publiées pour l'instruction de quelques autres* de Choderlos de Laclos.

Nous verrons plus loin quelle redoutable concurrent fut pour eux le marquis de Sade, et quels coups leur portèrent les innombrables productions de Restif de la Bretonne. Ce que nous avons dit de la prostitution publique et clandestine, sous la Terreur, éclaire nettement la faveur de ces productions scatologiques auxquelles l'*Enfer* de la Bibliothèque nationale offre aujourd'hui la paix de l'oubli. Cette licence s'étendait naturellement aux estampes. Les Félicien Rops de l'époque firent merveille. Chaque jour eut son image satirique et érotique. De vieux sénateurs séniles se lamentent aujourd'hui, un peu en vain d'ailleurs, sur les tentations qu'offrent les gravures de nos journaux illustrés qui se réclament encore de l'esprit de la France gauloise. Mais ce qui, aujourd'hui, est simplement galant, joli et éminemment parisien, saurait-on un instant le comparer à ce que la Terreur autorisa? Là, rien de ce qui fait pour nos yeux le charme de Willette, l'aimable agrément de Louis Morin, la fantaisiste et sobre espièglerie de Carlègle ou la caricaturale jovialité d'Abel Faivre, rien si ce n'est que l'audace poussée publiquement au point où la poussèrent clandestinement les graveurs des éditions libertines de l'ancien régime, connues sous le nom d'éditions des Fermiers Généraux. Ces feuilles illustrées d'aujourd'hui, plaisir du regard, en étaient, en 93 et 94, l'offense. Ici cependant Pierre-Laurent Bérenger, l'ancêtre de M. Bérenger, sénateur, n'intervint pas, et ce fut dans le sein de la police secrète que se réfugia la pudeur publique alarmée et outragée. Ah! c'est pour tous ces observateurs, que ce soit Pourvoyeur, que ce soit Rollin, que ce soit Charmont, un beau sujet d'indignation! Sur Paris, s'est abattue cette volée de feuilles légères, cette moisson libertine où les Fragonard du ruisseau ont donné libre cours à leur fantaisie — et on devine laquelle. A la date du 22 ventôse an II (12 mars 1794), Pourvoyeur ne peut s'empêcher d'écrire :

> L'on voit encore sur les quais de ces estampes dont les sujets sont aussi indécents que scandaleux. Ces ordures qui invectent (1) quantité d'endroits attire d'autens plus les regards des jeunes gens des deux sexes qu'ils sont très bien faites et que l'on y voit l'explication au bas.

Mais tout son indignation se fait jour dans cette phrase :

> L'on en voit jusque sous les galleries de la Convention (2).

On ne sait s'il craint de savoir les yeux de Maximilen de Robespierre ou du mince Saint-Just offensés par ces libertinages du burin, ou s'il déplore de savoir la Convention avilie et déshonorée par ces étalages qui « invectent ».

(1) Il faut lire *infectent* naturellement.
(2) *Archives nationales*, série W, carton 112.

C'est à peu près le même sentiment qui a fait écrire, le 25 pluviôse (13 février), à Rollin :

Plusieurs marchands de nouveautés (*en librairie*) se permettent de vendre des livres propres à corrompre les mœurs et notamment un intitulé *la nouvelle Sapho* (1).

Cette *Nouvelle Sapho* — quelque chose comme l'*Examen de Flora* d'une lesbienne — c'est un legs de l'ancien régime à la Terreur. Elle parut pour la première fois dans l'*Espion anglais* (tome X, p. 196 et suivantes) sous le titre : *Apologie de la secte anandryne ou exhortation à une jeune tribade*. En 1789, on la publia avec un nouveau titre : *Anandria ou confession de mademoiselle Sapho*. Didot, en 1793, l'augmenta de quelques images obscènes et la réédita dans le format in-18. C'était alors *La Nouvelle Sapho ou histoire de la secte anandryne publiée par la C. R.* C'est celle-là, sans doute, qui effarouchait le policier Rollin. Mais les avatars de cet écrit n'étaient point terminés. En cette même année 1793, les marchands de nouveautés mirent en vente le *Cadran des plaisirs de la Cour ou les aventures du petit page Chérubin pour servir de suite à la vie de Marie-Antoinette, ci-devant Reine de France*. Le volume se terminait par la *Confession de Mademoiselle Sapho*. Et sans doute constitue-t-elle encore aujourd'hui un numéro des catalogues spéciaux que nous dépêchent Amsterdam et Bruxelles.

(1) *Archives nationales*, série W, carton 191.

Avec Clément, nous revenons aux estampes licencieuses :

> Les marchands d'estampes exposent toujours des gravures ou tableaux en plâtre très obscénes. Il y en avoit d'étallés hier sur le boullevard et sous les arcades de la place de l'Indivisibilité (1).

Jusqu'ici, on s'est contenté de signaler l'abus ; avec Charmont, nous allons connaître le remède qu'il importe d'appliquer énergiquement. Le rapport du 9 germinal (29 mars) nous l'apprend :

> On demande très fort qu'il soit fait des visites domiciliaires chez tous les libraires de paris afin de leurs otter tout les ouvrages qui sont contraires au bonnes mœurs et aux vertus républicaines et on assure que ce sera un grand point pour la régénération des mœurs (2).

Ce « on », ce n'est que Charmont, on le devine aisément. Il pense donner ainsi plus de poids à sa dénonciation. Monti y mettait moins de formes pour demander des descentes dans les tripots, et l'un et l'autre aboutirent au même résultat. Les libraires purent débiter la *Nouvelle Sapho* en toute sécurité.

**
* **

Tandis que sur Paris déborde la licence des filles publiques et des œuvres érotiques du Palais-Egalité, quelqu'un juge opportun de faire paraître un petit livre de bergeries et de pastorales rimées.

---

(1) Rapport à la Commune, 28 floréal (17 mai) ; *Archives nationales*, série W, carton 124, pièce 55.
(2) *Archives nationales*, série W, carton 174, pièce 117.

C'est Jeanne-Pierre Claris, ci-devant chevalier de Florian, qui publie ses *Fables*, et nous sommes en 1793 (1).

La Terreur semble, à certains moments, éprouver le besoin de se retremper dans l'églogue. L'Incorruptible n'a-t-il pas adjuré la Nature à la Fête de l'Etre suprême? Danton ne va-t-il pas oublier le danger qui le menace dans sa rustique maison d'Arcis-sur-Aube? Et même, regardez ces livres érotiques éclos en 1793 et 1794, les amants n'y attestent-ils pas le spectacle des vertes campagnes pour échapper à la luxure à laquelle ils se livrent? Le marquis de Sade ne mêle-t-il pas les plus riantes descriptions bocagères aux sombres et sanglants tourments de *Justine*, aux aventures voluptueuses de *Juliette*? Brissot, avant que de porter sa jeune tête sur l'échafaud de la Gironde, Brissot ne court-il pas les campagnes de l'Ile-de-France où il recherche les paysages mollement onduleux de l'Eure natale?

Florian, « Florianet », ainsi qu'enfant il fut appelé par M. de Voltaire, n'est donc point un phénomène dans ce temps d'orages électriques. « Coqueluche du jour dans le beau monde et dans les livres », il a, lui aussi, donné des gages à la Liberté et, à la Fête de la Fédération, a mêlé à ses hymnes d'enthousiasme les couplets qu'il composa en son honneur :

(1) *Almanach des Muses pour l'année 1794.*

Autographe de Florian.

Sur ma guitare, assez longtemps,
J'ai chanté les tendres amants;
   Chantons la Liberté,
   La sainte Egalité
Et le doux nom de frère;
   Soyons unis (bis),

Chantons la Carmagnole,
Soyons unis, mes amis !

Disparaissez, titres si vains,
Qu'enfanta l'orgueil des humains;
   Le seul que l'on chérit,
   Le seul qui nous suffit
C'est le doux nom de frère;
   Soyons unis (bis),

Chantons la Carmagnole,
Soyons unis, mes amis (1) !

Mais puisqu'il est chevalier, que Trianon l'a vu chanter ses plaisirs sur le double pipeau, il sera suspect en 1794. Le 27 messidor (15 juillet), il est arrêté et écroué à la prison de Port-Libre (2). Ce

---

(1) « Cinq autres couplets complètent cette Carmagnole, qui ne se trouve dans aucun des ouvrages de Florian, mais qui parut éditée à part, sur feuille volante, en 1790, sous la signature du poète. » Joseph Vingtrinier, *Chants et chansons des soldats de France*, 1902, p. 14.

(2) C'était l'ancienne abbaye de Port-Royal, boulevard du Port-Royal; aujourd'hui la Maternité.

n'est pas de ses *Fables* (1) qu'on se préoccupe. Là, on semble l'oublier. Ses amis multiplient les démarches en sa faveur, et Boissy d'Anglas rédige pour lui un mémoire de treize pages (2). Ce qu'il fait dans sa prison, une lettre à la *Citoyenne Anne Galissat, maison du citoyen Terrier, rue de Brutus à Sceaux-l'Unité, près le bourg de l'Égalité* (3) nous l'apprend.

« J'espère dans mon innocence et dans mes amis, écrit-il ; je travaille, en attendant, à un ouvrage qui sera utile à la République, dès que mon premier chant sera fini, je le ferai passer au député mon ami (4), pour le Comité (5). L'on me flatte que bientôt je jouirai de ma liberté, ce premier bien de la vie. » Cette liberté, il l'a peu après, mais c'est pour en mourir. Au lendemain du coup d'État de thermidor, il s'éteint doucement, comme s'éteint sur une flûte bocagère l'air d'un menuet exténué.

Nous devions nous arrêter à ce nom pour expliquer la présence, parmi la politique et l'érotisme,

(1) *Fables de M. de Florian, de l'Académie française, suivies du poème de « Tobie »* ; Paris, Didot aîné, in-18, 1793.

(2) Collection G. Bord ; Catalogue N. Charavay, n° 84, mai 1906.

(3) Catalogue d'autographes Lemasle, n° 86, pièce 52, avril 1908.

(4) Il s'agit ici, sans doute aucun, de Boissy d'Anglas, député à la Convention, qui rédigea pour Florian le mémoire ayant fait partie de la collection Gustave Bord.

(5) Comité de Sûreté générale.

de ce petit livre puéril et naïf qui fait songer à un La Fontaine plus efféminé, plus timide et d'un optimisme heureux que rien ne déconcerte. Ce n'aura été qu'une brève halte, une courte lueur, vite éteinte, dans le rouge enfer de la librairie du Palais-Egalité sous la Terreur.

On peut y pénétrer avec curiosité, mais non sans dégoût, et les pamphlets contre Marie-Antoinette, par exemple, donneront la mesure de ce que peut la politique quand elle prend pour compagnes la Haine et la Licence. Jamais, peut-on croire, personnage ne fut couvert dans l'Histoire d'une exécration aussi unanime.

> Reine que nous donna la colère céleste,
> Que la foudre n'a-t-elle écrasé ton berceau (1) !

C'est Pons-Denis-Ecouchard Lebrun — cette seule fois Lebrun Pindare — qui la cloue ainsi dans un poème au pilori.

L'Autrichienne ! Cette insulte sera désormais celle qui l'accompagnera jusque devant le Tribunal révolutionnaire, jusqu'à la guillotine. C'est le *leitmotiv* des libelles les plus modérés, des pamphlets les moins orduriers, le thème sur lequel La Harpe lui-même brodera cette poésie qu'on se communiquera, sous le manteau, en 1789 et qui paraîtra insipide et anodine au point que personne ne la ramassera deux ans plus tard :

(1) L'original de ce poème faisait partie de la collection de feu M. Paul Dablin.

> Monstre échappé de Germanie,
> Le désastre de nos climats,
> Jusqu'à quand contre ma patrie
> Commetras-tu tes attentats?
> Approche, femme détestable,
> Regarde l'abîme effroyable
> Où tes crimes nous ont plongés!
> Veux-tu donc, extrême en ta rage,
> Pour couronner ton digne ouvrage,
> Nous voir l'un par l'autre égorgés?
> En vain je cherche en ma mémoire
> Le nom des être abhorrés,
> Je n'en trouve pas dans l'histoire
> Qui puissent t'être comparés,
> Oui, je te crois, indigne reine,
> Plus prodigue que l'Egyptienne
> Donc Marc-Antoine fut épris,
> Plus orgueilleuse qu'Agrippine
> Plus lubrique que Messaline
> Plus cruelle que Médicis!

Chose curieuse! Ces vers contiennent déjà tout ce que les pamphlets contre la reine répéteront à l'envi. *Plus cruelle que Médicis*, dit La Harpe, et on aura *Le Petit Charles IX ou Médicis justifiée* (1) et *Antoinette d'Autriche ou dialogue entre Catherine de Médicis et Frédégonde, reines de France aux enfers* (2). Mais ce qu'ils taisent, ce qu'ils passent sous silence — et par quelle pudeur? — c'est ce bruit sournois et persistant que

(1) Paris, 1789, in-8, 77 pp.
(2) Londres, 1789, in-8, 15 pp.

210 *LES FILLES PUBLIQUES*

fait courir la faveur de Mme de Polignac. Pour elle, on évoquera
Lesbos, mère des jeux latins et des voluptés grecques (1).

ANTOINE BERNARD

ET ROSALIE,

ou

LE PETIT CANDIDE.

A PARIS,

Chez ANCELLE, Libraire, rue du Foin-St.-Jacques, Collége de M.^tre Gervais, N°. 265.

1796.

Un petit roman «sensible» de la Révolution.
et la grande ombre fatale et blasphémée de la

(1) Charles Baudelaire, *Pièces condamnées des Fleurs du mal*, XXV.

Sapphô antique. C'est elle qu'on représenta, enlacée par la reine, disant : « Je ne respire plus que pour toi; un baiser, mon bel ange (1) ! » C'est elle encore qu'on retrouvera parmi ces « tribades de Versailles » que le *Portefeuille d'un talon rouge* (2) prétend honnir en racontant plaisamment leurs orgies. Son nom sera en tête de la *Liste de toutes les personnes avec lesquelles la reine a eu des liaisons de débauche* (3) que publie

(1) Frontispice de *La Destruction de l'aristocratisme, drame en cinq actes en prose, destiné à être représenté sur le théâtre de la Liberté ;* à Chantilly, imprimé par ordre et sous la direction des princes fugitifs, 1789, in-8, 128 pp.

(2) *Portefeuille d'un talon rouge contenant des anecdotes secrètes et galantes de la cour de France ;* à Paris, de l'imprimerie du comte de Paradés, l'an 178..., in-12, 59 pp. — Le comte de Paradés, aventurier assez obscur, mort en 1786, publia ce pamphlet le 18 juin 1779. Il semble toutefois n'avoir été que le prête-nom d'un personnage inconnu dans cette affaire.

(3) Voici les autres noms que donne cette liste, quelque peu fantaisiste, faut-il le dire ? La duchesse de Pecquigny ; la duchesse de Saint-Maigrin, la duchesse de Cossé, le comte d'Artois, la marquise de Mailly, le comte de Dillon, la princesse de Guéménée, le duc de Coigny, Mme de Lamballe, Mme de Polastron, un garde du corps, Manon Loustonneau, un commis du secrétariat de la guerre, Mme de Lamothe-Valois, le prince Louis de Rohan, Mme de Guiche, le comte de Vaudreuil, Mlle La Borde, Bezenval, Bazin, l'abbé de Vermont, Souk et Raucoux, (Raucourt ?), tribades remarquables, Mlles Michelot, Guimard, Dumoulin, Viriville, M. Campan, M. Cassini, M. Neukerque, M. Guibert, Mme de Marsan, Dugazon.

une brochure de 1792 (1), et toujours avec l'Autrichienne elle assumera sa part dans l'ignominie populaire, dans le scandale de ses excès et de ses inconséquences dont la majesté royale sera souillée et qui la perdra à jamais (2).

Tout bientôt sera, dans la vie de Marie-Antoinette, motif aux plus violentes injures. Elle porte des panaches de plumes étrangères qui la font « la plus belle et la plus hupée », et la *Lettre des laboureuses de la paroisse de Noisy, près Versailles, à la Reine* (3) les lui reprochera en l'invitant à choisir pour cette mode nouvelle des coqs et des poules de France. Sa stérilité sera la fable de la ville et la raillerie de la cour; *La Vie de Louis XVI, roi des Français*, s'en fera l'écho (4). Mais toujours ce seront les relations avec Mme de Polignac qui primeront toutes les accusations, et, à la veille du 16 octobre, paraîtra encore *Le vrai caractère de Marie-Antoinette* (5) qui résumera

(1) Ces noms se trouvent à la page 21 de la *Liste civile, suivie des noms et qualités de ceux qui la composent et la punition due à leurs crimes ; récompense honnête aux citoyens qui rapporteront des têtes connues de plusieurs qui sont émigrés et la liste des affidés de la ci-devant Reine ;* imprimerie de la Liberté, 1792, in-8, 24 pp.

(2) Comte de Montgaillard, *vol. cit.*, p. 125.

(3) Ce manuscrit de 14 pages in-4, a figuré, sous le n° 122, au *Catalogue d'autographes E. Charavay*, en avril 1888.

(4) Paris, mai 1790, in-8°, 78 pp.

(5) Paris, imprimerie de Mornoro (Momoro), 1793, in-8°, 8 pp.

dans la violence et la licence tout ce qui aura été dit à ce propos. Ces pamphlets, ce seront les fleurs funèbres qu'on jettera sur la fosse royale du cimetière de la Madeleine, ce seront les oraisons à la mémoire de la princesse autrichienne qui, si elle  fut « courtisane sur le trône, ainsi que le dit fort justement le comte de Montgaillard, devint reine dans les fers et sur l'échafaud (1) ».

(1) Sur les pamphlets contre Marie-Antoinette, on consultera utilement l'ouvrage de M. Maurice Tourneux, *Marie-Antoinette devant l'histoire*; Paris, 1895, et celui, plus récent, de M. Henri d'Alméras, *Les Amoureux de la Reine, Marie-Antoinette d'après les pamphlets*; Paris, 1908. — Au surplus, nous renvoyons le lecteur à deux de nos précédents ouvrages, *La Guillotine en 1793*, d'après des documents inédits des Archives nationales, et *Les Femmes et la Terreur*.

Vignette des actes
du Comité
de Salut Public.

Cette littérature du Palais-Egalité n'était point cependant que révolutionnaire. Il s'y rencontrait des brochures royalistes qui envoyèrent maint libraire, auteur et imprimeur devant le Tribunal Révolutionnaire et de là à *la planche aux assignats*, place de la Révolution.

Ce sont Joseph Girouard, guillotiné le 19 nivôse an II (8 janvier 1794); Jacques-François Froullé, le 13 ventôse (3 mars), avec Thomas Levigneur, libraire comme lui; Jean-Baptiste Collignon, le 9 germinal (29 mars). Dans sa séance du 27 ventôse précédent (17 mars), les Comités avaient pris l'arrêté que voici :

Les Comités de Salut public et de Sûreté générale réunis arrêtent que Desenne et Gattey, libraires, ainsi que Very, restaurateur au ci-devant Palais-Egalité, seront mis sur le champ en état d'arrestation dans la maison de la

Force, et, à défaut de place, dans toute autre maison d'arrêt. Le scellé sera apposé sur leurs papiers.

[signatures : Billaud-Varenne, Barère, Collot-d'Herbois, C. A. Prieur, Carnot, Dubarran, Amar, Vadier, Voulland, M. Bayle, Er. Payot]

C'est imprudemment que Desenne avait affecté, dans l'exercice de sa profession une manière d'impartialité qui ne pouvait plaire à la fois aux Jacobins et aux royalistes. Il avait beau ne s'inquiéter nullement « de l'opinion de ceux qui venaient le visiter, serrer la main aux partisans des deux chambres comme aux jacobins, et s'incliner devant Malouet ou Cazalès comme devant Lepelletier et Robespierre (1) », il n'en demeurait pas moins avéré que, dans son arrière-boutique, se tenait une

(1) Simon-Edme Monnel, *Mémoires d'un prêtre régicide* ; Paris, Charles Mary, 1829, 2 vol. in-8°.

sorte de club politique où on disputait, dit Monnel, « sans être interrompu par les acheteurs ou les importuns ». Ce ne fut que la police qui vint déranger les politiciens suspects. Pourtant Desenne ne comparut point au Tribunal révolutionnaire et, partant, évita la guillotine. François-Jacques Gattey fut moins heureux. Moins d'un mois après son arrestation, le 25 germinal (14 avril), il fut exécuté. Le 1er prairial suivant (20 mai), son confrère Michel Wébert, l'éditeur des *Actes des Apôtres*, — recommandation suffisante pour Sanson, — devait le suivre. Le 24 prairial (12 juin), c'est le tour de François-Denis Bouilliard, et le lendemain de ce jour, la fournée comprend deux autres libraires : Jean-Philippe Bance et son fils François. Ce mois est d'ailleurs funeste aux éditeurs arrêtés car, le 26, c'est François Baudevin et, le 29, Louis Pottier de Lille. Quelques jours de répit. Le 12 messidor (30 juin), on guillotine François-Adrien Toulan qui cumule la profession de libraire avec celle d'employé dans l'administration des biens des émigrés. Le 9 thermidor (21 juillet), la charrette emmène Jean-Baptiste-Charles Renou.

On voit que la hache révolutionnaire frappait avec vigueur. Elle avait pourtant, ainsi que Desenne, épargné le libraire Claude-François Laurent, « traduit devant le Tribunal révolutionnaire dans les premiers jours de juin 1793 pour avoir vendu quelques-uns de ces écrits (*royalistes*) ; mais il eut le bonheur d'être acquitté (1) ». En effet, car l'acquittement est du 1ᵉʳ juin. Mais alors la Terreur n'avait pas encore à frapper rigoureusement tous les ennemis qui s'attaquaient au régime révolutionnaire. « Il faut proscrire ces mauvais écrivains », disait Robespierre en parlant de ceux-là qui battaient en brèche les principes gouvernementaux. Parole qui devait trouver au Tribunal révolutionnaire un écho. Et cet écho répéta la chute de toutes ces têtes tombées dans la sciure rouge du sac de peau de Sanson.

Mais le bruit du couperet n'interrompt pas la vie galante du Palais-Egalité. N'est-il pas, d'ailleurs, celui qui accompagne chacun de nos pas dans ces galeries où, à côté de la boutique du libraire, nous trouvons la table du traiteur avec les mêmes clients et le même public — celui des prostituées de la Terreur ?

(1) Ch. de Monseignat, *Un chapitre de la Révolution française ou histoire des journaux en France de 1789 à 1799, précédé d'une notice historique sur les journaux*; Paris, 1853, p. 248.

VI

La « Science de la gueule » suivant Montaigne. — Les traiteurs à la mode : Meot, Beauvilliers, Very, Venua. — Le dernier dîner d'un régicide. — La carte d'un terroriste.

Pour l'Epicure de la Révolution, — et il est légion à cette époque, — la Fille ne va point sans la Table. Sans insinuer formellement qu'il en est de même aujourd'hui, on peut croire que ce sentiment n'a guère changé. Mais si, en 1793 et 1794, on vient goûter le plaisir de la chair au Palais-Egalité, on y vient aussi pour celui de la chère. C'est le lieu du monde où les gastronomes peuvent apaiser toutes leurs querelles culinaires. « O Paris, cerveau et cuisine du monde ! » s'exclament plaisamment les Goncourt. L'écho leur peut répondre : « O Palais-Egalité, cerveau et ventre de Paris ! » et cet écho on ne le pourra accuser d'une prétention excessive. Il est fidèle, et c'est la Renommée et la Vérité qui joignent leurs voix pour cet éloge. Longtemps, la France a joui de cette célébrité qui lui valait la reconnaissance des ventres, et sous la Terreur elle ne l'avait point encore perdue tout à fait. « La goinfrerie est la base fondamentale de la société actuelle », écrivait Sébastien Mercier (1). Il oubliait donc que le grand siècle avait eu un Vatel qui s'était ouvert le ventre devant ses fourneaux, un matin de marée manquée? Cet amour des grands et beaux repas, de la chère succulente devant laquelle se pâmait d'attendrissement Grimod de la Reynière, cette « science de la gueule » enfin, pour s'exprimer comme Montaigne, la France l'avait conservée parmi toutes ses anciennes traditions. Sébastien Mercier nous fera-t-il croire que la table jouissait d'une moindre faveur sous Saint Louis, où les repas duraient de l'aube au crépuscule; sous Louis XIV dont les mauvaises dents, se refusant à une mastication de plusieurs heures, furent le plus cruel souci; sous Louis XVI qui fit manquer le voyage de Varennes pour avoir, trop longtemps et trop gloutonnement, goûté des pieds de porc à la mode de Sainte-Menehould? Oubliait-il, au fond des temps, la leçon de gastronomie de Gargantua, et négligeait-il d'évoquer, le visage fleuri, l'œil émerillonné, la lèvre sensuelle, verre en main, ventre bedonnant, maistre François Rabelais sous la tonnelle fleurie de Meudon?

(1) Sébastien Mercier, *Le Nouveau Paris*, chap. CCXXXV.

A l'en croire, la Révolution aurait inventé le culte de la table, et c'est naturellement là un nouveau vice que le brave Mercier s'empresse d'ajouter à tous ceux qu'il catalogue avec une bonne foi déconcertante et une naïveté que rien ne rebute. En réalité, la Révolution ne mangea ni mieux ni moins que l'ancien régime. Elle mangea bien, voilà tout. Cela n'alla pas quelquefois sans exagérations, mais quel culte n'a pas ses prêtres indignes, quel troupeau ne possède ses brebis galeuses ?

« ...Anriot (1) et ses aide de camps dépensait beaucoup, écrit l'observateur Mercier, à la date du 21 ventôse (11 mars 1794) et il fesois des repas superflus. On évalue un de ses repas à cinq cent livre entre cinq qu'ils étoient (2). »

Evidemment, un repas à cent livres par tête, c'est là de l'exagération, mais que celui qui ne rêva jamais, au moins une fois, de cette jouissance

(1) Lisez Henriot. C'était, on ne l'ignore pas, le commandant de la force armée de Paris, guillotiné avec Robespierre, le 10 thermidor. Il était alors âgé de trente-cinq ans.

(2) Ce rapport de police faisait partie de ceux que nous avions rassemblés pour ce travail. Nous avons vu qu'il avait été précédemment publié par M. Dauban dans son ouvrage sur *Paris en 1794 et 1795, histoire de la rue, du club, de la famine*, composé d'après des documents inédits, particulièrement les rapports de police et les registres des Comités de Salut public; Paris, 1869. — M Dauban, tout en indiquant d'une façon générale, la source de ses documents, néglige de donner leur cote aux Archives.

sardanapalesque, lui jette la première bouchée !

Sous la Terreur, répétons-le, on mange bien, parce que la gastronomie et l'appétit sont de tous les régimes. Les gourmets habitués à des tables recherchées ne s'aperçoivent guère de l'abîme que la Révolution a creusé entre elle et la Monarchie. C'est que, de cette dernière, les cuisiniers sont restés.

Princes, conseillers aux parlements, cardinaux, chanoines et fermiers généraux, tous ceux que le dieu Comus comptait parmi ses fervents ont émigré ou passé à la *petite chatière* et n'ont point emporté leurs fourneaux. Nobles hier, les voilà démocratiques aujourd'hui, d'autant plus que leurs officiants, ces cuisiniers, honneurs de la maison qui se les attachait, se sont faits cuisiniers et se sont mis aux services des gastronomes que la Terreur tolère. Ils professent et pratiquent pour tout payant la « science de la gueule (1) », et cette science n'a guère varié depuis le départ ou la mort de leurs anciens maîtres.

Brusquement, Paris voit éclore une foule de restaurants et, du jour au lendemain, tous ou presque tous sont fameux. Partout la table est succulente, partout des trouvailles réjouissent les appétits, partout la chère trouve des gastronomes qui l'apprécient à son mérite.

Il est vrai que le *Grand Marat*, rue Saint-

---

(1) Sébastien Mercier, *ouvr. cit.*, chap. CLIX

Honoré, fait faillite et clot ses volets. Mais c'est parce qu'on l'accuse de débiter de la chair humaine (1). Ce n'est là qu'une exception, la seule. Le traiteur voit, de jour en jour, dans cette république égalitaire, s'affermir et s'affirmer son empire.

Les connaisseurs n'ont que l'embarras du choix. C'est ainsi qu'un jour, chez la Sainte-Amaranthe, réfugiée dans sa propriété de Sucy, s'en vinrent dîner le comte de Morand, M. Poirson, consul de France à Stockholm, M. de Pressac, ancien officier aux gardes du corps, et le gendre de M. de Marbœuf. Le dîner terminé, quelqu'un de ces messieurs propose d'emmener les hôtesses à Paris. « Chacun des convives les régalera dans un restaurant à la mode. M. de Fenouil (un autre convive), choisit Méot, MM. de Pressac et Poirson votent pour Beauvilliers, et M. de Morand, pour le fameux Rose, le traiteur de l'Hôtel Grande-Batelière (2). »

Ces choix auraient pu s'étendre sur dix, sur vingt autres restaurants à la mode renommés autant pour leurs vins que pour leur cuisine. Chez

(1) *Feuille du Matin*, 6 février 1793. — Ce journal portait, en épigraphe : « Tout faiseur de journal doit tribut au malin. » Ne tint-il pas son programme en cette occasion ? Il parut de la fin de l'année 1792 au 24 avril 1793, mourant de trop d'esprit.

(2) Mme A... R..., *La Famille Sainte-Amaranthe;* Paris, imprimerie V. Goupil et Cie, 1864, in-8°, 203 pp. — Ce sont les souvenirs de Mme Armande de Rolland, amie des dames Sainte-Amaranthe, et qui leur survécut jusqu'en 1852.

Velloni, place des Victoires, Mirabeau, le grand Mirabeau, Mirabeau-Tonnant, avait fait des soupers fameux, où son bel appétit avait fait merveille, ce qui, un jour, lui fut fatal. On le sait, c'est au sortir d'un banquet, suivi d'une visite à une danseuse d'Opéra, Mlle Coulon, que Mirabeau se sentit atteint du mal qui devait l'emporter bientôt, au matin où le canon d'une fête populaire le dressait debout, prêtant l'oreille aux « funérailles d'Achille ». A Gervais, traiteur à la terrasse des Feuillants, allait la faveur des députés. Barthélemy, Maneille et Simon, les *Frères Provençaux*, « qui ne sont ni frères ni provençaux (1) », voyaient

se former, rue Helvétius, le noyau de cette clientèle qui devait les suivre plus tard au Palais-Royal et ne les quitter qu'avec l'agonie lente et sournoise des Galeries. Au coin de la rue Sainte-Anne et de la rue Neuve-des-Petits-Champs, s'était établi Léda. En peu de temps, la maison fut fameuse au point de rivaliser avec le célèbre Méot du Palais-Egalité. « Déjà Léda le dispute au

(1) L. Augé de Lassus, *vol. cit.*, p. 117.

fameux Méot », note Sébastien Mercier (1). Mais qu'était-ce là à côté de ces traiteurs qui, avec les filles publiques, faisaient la gloire et la faveur du Palais-Egalité ?

Au naufrage des temps, leurs noms ont survécu, et Méot, Véry, Beauvilliers n'évoquent point des choses mortes à la mémoire contemporaine.

Dans cette gloire du souvenir, Méot a une large part. Sa cave semble avoir été la mieux fournie de tous les restaurants. Vingt-deux sortes de vins rouges, vingt-sept sortes de vins blancs, seize espèces de liqueurs, provenant en grande partie de caves aristocratiques vendues, s'offraient aux connaisseurs. Véry, à peine, le lui pouvait disputer avec dix-huit espèces de vins rouges et treize de vins blancs, mais il triomphait, quant aux liqueurs, avec vingt-neuf espèces différentes, variant de seize sous à dix sous le verre. Méot, c'est le premier restaurant à la mode, disent les mémoires (2), mais c'est aussi un restaurant royaliste. Royaliste, il comprend les besoins, les désirs, les exigences des clients, aussi a-t-il un petit salon clandestin garni d'une baignoire. D'une baignoire ? On en cherche le pourquoi. C'est que Méot a des fidèles dont les plaisirs sont opulents. On remplit la baignoire de vin dans quoi des femmes complaisantes et

---

(1) Sébastien Mercier, *ouvr. cit.*, chap. CCXXXV.
(2) Dampmartin, *Mémoires sur divers événements de la Révolution et de l'Emigration*, tome I.

expertes massent à plaisir la dilettante (1). Est-ce un régime spécial? On ne sait, mais, en tout cas, régime de gastronome fortuné, car Méot sait élever ses notes à des proportions qu'ignorent ceux qui dînent pour dix-huit sous chez le cabaretier suisse du Pont-Tournant. Le Directoire verra chez lui les députés oublier les travaux législatifs pour la poularde cuite à point. Ce n'est point d'aujourd'hui que les députés savent apprécier la table, et un contemporain les chante sans trop d'acrimonie :

> Si l'on entend sonner
> L'heure de dîner,
> Les bons apôtres
> S'en vont aussitôt
> Chez Flore ou Méot,
> Discuter,
> Agiter
> Leurs intérêts plus que les nôtres (2).

Pourquoi le politique jetterait-il la pierre au gastronome? N'est-ce pas chez Beauvilliers, ci-devant cuisinier du prince de Condé et, à ce titre, royaliste lui aussi, que Rivarol, Champcenetz et d'autres fabriquaient, tout en dînant, les *Actes des Apôtres*? Mais la Terreur est venue; Rivarol et Champcenetz ont laissé la place à de moins plaisants dîneurs sur lesquels Beauvilliers s'essaye, en y réussissant, à regagner les 157 000 livres que lui coûtent, depuis 1790, les trois arcades qu'il a louées.

(1) Sébastien Mercier, *ouvr. cit.*, III.
(2) Villers, *Rapsodies du jour*, n° 14, p. 15, an V, in-8°.

Trois arcades, c'est là aussi ce que Véry occupe au n° 83 du Palais-Egalité. Etant mieux situées que celles de Beauvilliers, il les paie plus cher ; c'est la somme de 196 275 livres qu'il verse annuel-

Les desserts et les liqueurs de Very.
(Collection Hector Fleischmann.)

lement pour la location. Il est là depuis 1790, et non depuis 1805, ainsi que le dit le docteur Véron dans ses *Mémoires*. Nous l'avons d'ailleurs vu arrêté en 1794 d'après l'ordre des Comités visant en même temps les libraires Gattey et Desenne. Chez

Véry, tous les appétits, même les plus robustes, peuvent trouver satisfaction. Sa carte est une merveille. Celle que nous avons sous les yeux énumère une telle quantité de plats qu'il faut renoncer à les citer. On y trouve, pour 1 livre, le « biftek *(sic)* de bœuf piqué à la sauce automate *(sic)* ». Sachez que la poularde s'y mange aux concombres pour 2 livres 10 sous; qu'un esturgeon en blanquette ne coûte que 1 livre 10 sous; et que si trois rognons de mouton au vin de Champagne, vous plaisent, il ne vous en coûtera que 18 sous. N'y cherchez pas un plat supérieur à 3 livres : c'est le perdreau; ni inférieur à 8 sous : c'est l'artichaut à la poivrade. Gibier, volaille, viande, poisson, tout s'accumule sur cette carte avec une variété, une abondance à ravir les plus délicats, à apaiser les plus affamés. Aussi la renommée de Véry se propage-t-elle par toutes les bouches qu'il flatta aux prix les plus modérés. C'est peut-être là ce qui y attire, en 1814, lors de l'invasion, un officier « porteur de l'un de ces uniformes longtemps réservés aux vaincus ». Il s'installe, heurte la table du pommeau de son épée. L'étranger ne triomphe-t-il pas au Palais-Royal tandis que les dernières bandes impériales attendent le coup d'aile désespéré de l'Aigle réfugié à Fontainebleau? L'officier est insolent, impératif : « Apportez-moi, dit-il au garçon, un verre où jamais un Français n'ait bu ! » Le garçon disparaît, s'attarde un peu, ce verre immaculé étant, paraît-il, difficile à trouver. Enfin le garçon revient et brusquement place, devant le vainqueur attablé, un vase d'usage intime. — « Voilà, dit-il, un verre où jamais un Français n'a bu. » Puis il se sauve, et c'est prudent, sans attendre son pourboire. L'officier l'aurait tué (1).

Ce garçon ne
    Fit-il pas mieux que de se plaindre?

Ce n'était point toujours d'aussi piquants spectacles que Véry avait été témoin. Dans ces salons, où devaient retentir les bottes des cosaques de la Sainte-Alliance, Danton avait convié, autrefois, ses amis à de civiques agapes. Mais c'était mal choisir l'endroit où goûter du noir brouet spartiate; tout au plus n'aurait-il figuré que comme curiosité sur les menus du traiteur. Ce fut là, sans doute, dans la fumée des vins généreux de Véry, dans le fumet des vénaisons panachées d'épices, que Danton assura à ses amis « que leur tour était venu de jouir de la vie; que les hôtels somptueux, les mets exquis, les étoffes d'or et de soie, les femmes dont on rêve étaient le prix de la force conquise (2) ». Pauvre sybarite révolutionnaire à qui germinal préparait déjà la froide couche de la mort, le tréteau sanglant de sa dernière apothéose!

Mais cela, ces rêves de luxe et de splendeur, un autre restaurant ne les avait-il pas excités à ses

(1) L. Augé de Lassus, p. 115.
(2) Louis Blanc, *Histoire de la Révolution française*, tome VII, p. 96.

LA PANTHÈRE AUTRICHIENNE
Vouée au mépris et à l'exécration de la nation françaises *(sic)*
dans sa postérité la plus reculée.

tables lourdes d'un beau repas ? N'était-ce pas chez Venua (1) qu'à dix francs par tête, les Girondins avaient pu croire au triomphe de leurs rhétoriques d'avocats bavards ? Venua, situé à proximité de la Convention, offrait ses salons aux députés comme Méot devait les offrir au Directoire. Endroit charmant, peut-on croire, où les musiques et les danses devaient écarter de tant de fronts chargés de sombres soucis les rêves funèbres que demain devait, pour beaucoup, réaliser. Ces agréments, un avis de Venua le promettait aux clients en ces termes engageants :

Le citoyen Venua, restaurateur à coté du manège, n° 75, ayant aussi entrée par la rue Saint-Honoré, maison dite Hôtel des Tuileries, vis-à-vis les Jacobins, même numéro, prévient qu'à compter du 18, il donnera à danser fêtes et dimanches dans son berceau et son salon. Les personnes qui y viendront jouiront de plusieurs agréments et y trouveront bonne bière et toutes sortes de rafraîchissements à la glace. Il y a des pièces particulières pour les dîners de société. Il entreprend toutes sortes de grands repas, fait noces et repas de commande et donne à souper (2).

Rien ne manque au programme : agréments, bière, glaces, danse. Car on dansait sous la Terreur, et il y avait des poètes pour célébrer les plaisirs de Terpsichore :

<blockquote>
La danse est le chemin d'amour,
Du moins c'est la mode au village.
</blockquote>

(1) Et non *Verua*, comme l'écrit M. Henri d'Alméras dans *Emilie de Sainte-Amaranthe*, p. 272.

(2) *Petites affiches*, avril 1793.

> Le dimanche est là le beau jour
> Où sous l'ormeau le cœur s'engage :
> Mais la semaine expliquera
> L'émotion de ce cœur là (1).

Aussi faut-il accueillir sans étonnement la faveur de Venua. Les Girondins guillotinés, Robespierre y était venu, lui aussi (2). Le 10 thermidor n'avait laissé, dans les glaces dépolies des salons toujours bruyants, que le pâle fantôme de sa silhouette mince et froide cambrée dans l'habit bleu de ciel qui lui fut cher. C'était là un moins tragique souvenir que celui qui hantait, au Palais-Egalité, les caves du restaurateur Fevrier.

Le dimanche 20 janvier 1793, vers cinq heures du soir, un homme de belle mine dînait dans cette cave mal éclairée, triste, lugubre qui contrastait par sa pauvreté démocratique avec le luxe d'un Beauvilliers et la splendeur d'un Méot. Il en était au début de son repas, quand un jeune homme haut de cinq pieds six pouces, aux cheveux noirs couverts d'un chapeau rond, au teint basané, vêtu d'une houppelande grise à revers verts, s'approcha de la table. Le dîneur leva la tête :

— Vous êtes bien M. Lepelletier? demanda le jeune homme.

(1) *Les Soirées de Célie ou recueil des chansons en vaudevilles et ariettes* ; Paris, 1794, n° 16.
(2) Villatte, *Causes secrètes de la Révolution du 9 thermidor.*

— Oui, monsieur.
— Vous avez voté la mort du roi ?

— Oui, je l'ai votée en mon âme et conscience, d'ailleurs...
— Tiens, misérable, tu ne voteras plus !

L'éclair d'un sabre raya l'ombre. Le dîneur s'effondra sur sa chaise, tandis que le jeune homme, au milieu du tumulte, gagnait la porte. On releva le blessé. Il hoqueta :

— J'ai bien froid (1).

Quelques heures plus tard, expirait l'assassiné : Louis-Michel Le Pelletier de Saint-Fargeau, député du département de l'Yonne à la Convention nationale.

Il se trouva des journaux pour plaisanter ce cadavre tiède encore, et lui composer une épigraphe ironique dans ce goût :

> Ci-gît Michel Lepelletier,
> Représentant de son métier,
> Jadis président à mortier (2)
> Par la grâce de Louis seize,

(1) D'Allonville, *Mémoires*, tome III, p. 147.
(2) Il avait été président au Parlement de Paris et envoyé par la noblesse de Paris aux Etats-Généraux.

Contre lequel il a voté,
   Mort en janvier
   Chez Février
L'an mil sept cent quatre vingt treize
Au jardin de l'Egalité (1).

L'énorme deuil national enveloppa Paris comme au jour où la pompe funèbre triomphale de Mirabeau marcha au Panthéon. Ce fut là que la Convention, malgré la raillerie royaliste (2), fit monter le cadavre du conventionnel. Les clochers et les tambours, les lauriers et les cyprès, la verte flamme des torches funéraires, tout cela assura aux funérailles nationales du martyr l'éclat d'une gloire solennelle. En frappant le roi, il s'était frappé lui-même. L'un recueillait la fosse commune de la Madeleine, l'autre la cave pleine de gloire du Temple des Grands Hommes. Le restaurant Fevrier (il occupait cinq arcades, galerie Montpensier) se drapa dans l'éclat de cette gloire tragique, occupa quelques semaines l'attention, mais bientôt les gourmets se détournèrent de ces tables que ne

(1) *La Feuille du Matin*, janvier 1793, n° 63.
(2) Ce fut encore la *Feuille du Matin* qui publia, à propos de ces funérailles et du décret envoyant Lepelletier au Panthéon, ce quatrain qui ne le cède en rien à l'épitaphe :

   Tout est changé dans nos affaires,
   Jusqu'aux fourches patibulaires,
   Autrefois c'était Montfaucon ;
   Aujourd'hui, c'est le Panthéon.

garnissaient que de sobres menus et où s'était mal séchée la flaque de sang du 20 janvier.

[Autographe manuscrit]

Autographe de Lepelletier Saint-Fargeau.

Les heureuses digestions demandent à n'être point troublées. On dîne mal environné de spectres ayant leur blessure au flanc; on soupe de mauvais appétit dans des lieux où courent des bruits de conspirations, d'arrestations. Alors les gastronomes, qui ne demandent à la table que des plaisirs sans émotions, prennent peur. Ils désertent pour des endroits moins dangereux, pour le Bois de Boulogne et les Champs-Elysées, le Palais-Egalité où couve toujours la flamme sourde et prisonnière de l'insurrection. Nous trouvons l'écho de ces craintes dans un rapport de police de l'inspecteur Le Breton, à la date du 1 (ou du 2) germinal an II (21-22 mars 1794). Sans doute le bruit des arrestations (on était à la veille de celle des dantonistes, 10 germinal) était la cause de cette panique :

On dit toujours qu'il y a des rassemblemens dans le bois de Boulogne, écrit Le Breton. Je m'y suis transporté

Une carte de Very (Restauration).

pour vérifier qu'elles étaient les bases de ce bruit. J'ai vu que chez les traiteurs de ces emplacements il s'y faisoit quelques parties, que l'épouvante ayant été semée chez nos restaurateurs de luxe à la maison de l'Egalité on alloit de préférence au bois de Boulogne et dans les Champs-Elysées. D'ailleurs tous ces jours passés le temps portoit à la promenade et je n'ai rien remarqué d'incivique (1).

Ce n'étaient là que des alertes dangereuses pour les seuls estomacs habitués aux menus des « restaurants de luxe ». On revenait à ce Palais-Egalité comme au plus cher des péchés, comme à la moins irrésistible des habitudes familières. Méot, Véry, Beauvilliers voyaient leurs clients reprendre leurs places habituelles et les filles publiques mettaient encore la tache claire de leurs robes de parade autour de la blancheur des tables, parmi l'éclat des argenteries et des cristaux.

Rien de plus dédaigneux des contingences que l'appétit. Les séances du Tribunal révolutionnaire semblent avoir eu le don d'exciter celui du citoyen Antonelle. On a de lui les menus des repas qu'il fit au lendemain de l'exécution de la reine qu'il condamna avec ses collègues. Conservés aux

(1) *Archives nationales*, série W, carton 174, pièce 30. Plus tard, à la date du 20 floréal (9 mai), l'observateur Clément notait dans son rapport : « Il existe tous les jours des rassemblemens et des danses composés de gens suspects dans le cabaret des Champs Elisées, surtout aux 3 pavillons. » C'étaient simplement des dineurs du Palais-Egalité repris de crainte. Le rapport fait partie aux *Archives nationales*, de la série W, carton 124, pièce 57.

Archives (1), mêlés aux papiers de la conspiration de Babœuf où il fut compromis, ces papiers jaunis attestent encore aujourd'hui l'excellence de l'appétit du citoyen Antonelle. Il semble avoir dédaigné le Palais-Egalité pour un traiteur non moins fameux que Méot : le Grand Premier de l'Hôtel Vauban, rue de la Loi (2). C'est là qu'on lui sert les repas que voici :

Le 18 octobre 1793 (vieux style) :
Béchamelle d'ailerons et foie gras. 5 livres.

Le 31 :
Poularde fine rôtie. . . . . 6 livres.

Le 3 novembre :
Dîner pour trois. . . . . 30 livres.
Vin de Champagne. . . . . 6 livres 10 sous.

Le 4 :
2 cailles au gratin. . . . . 5 livres.
Ris de veau. . . . . 4 livres.
12 mauviettes. . . . . 3 livres.
Pain. 6 sous.
Sauterne à 10 livres cy. . . . . 10 livres (3)

Nous connaissons maintenant le goût d'un des

(1) *Archives nationales*, série W, carton 567.
(2) La rue de la Loi reprit le nom de rue de Richelieu en 1806 ; Félix Lazare, *Dictionnaire des rues de Paris*.
(3) Ces curieux documents ont été publiés pour la première fois dans les *Recherches historiques sur les Girondins : Vergniaud; manuscrits, lettres et papiers, pièces pour la plupart inédites*, classées et annotées par C. Vatel, avocat à la Cour d'appel de Paris ; Paris, in-8°, 1879, tome II, p. 322.

gastronomes de la Terreur ; nous voyons que les événements ont fort peu influé sur la « science de la gueule », et on comprend enfin comment, le 10 thermidor, alors qu'on guillotine Robespierre, Grimod de la Reynière note sur son journal intime : *Point de marée* (1).

Point de marée! La République jacobine est étranglée, décapitée en la personne de celui qui l'incarne. Point de marée! Les destins de la France changent de mains et l'énorme avenir s'ouvre béant à la nation stupide du coup d'Etat. Point de marée! Quelque chose a soulevé le pavé de Paris qui retentira dans les siècles, à l'horizon de l'histoire monte l'échafaud du 21 janvier 1793 et la guillotine du 28 juillet 1794. Point de marée! C'est tout ce que retient le gastronome. C'est tout ce qu'il retiendra de la Terreur.

(1) Le journal intime de Grimod de la Reynière appartient aujourd'hui à M. Georges Vicaire. Dans son volume sur Mme Saqui, *Mémoires d'une danseuse de corde*, paru en 1907, M. Paul Ginisty, a donné, p. 218 et suiv., une analyse très spirituelle et très complète à la fois de ce document qu'on peut regretter de voir demeurer inédit.

Ces pages écrites, la hantise du souvenir nous ramena par un tiède crépuscule printanier au Palais-Royal. Lieu émouvant et évocatoire! Morne et colossal tombeau des grâces défuntes! Prison muette de ce qui fut la Terreur, de ce qui fut aussi le berceau de la Révolution!

De neuves et frissonnantes verdures paraient les ramures taillées; le crépuscule éteignait ce que les tons de la pleine lumière ont de trop vif et embrumait délicatement la vaste solitude du jardin désert. Quel silence ici dans le milieu du Paris moderne! Quelle crypte d'ennui et d'abandon! C'est en vain que dans l'énorme quadrilatère s'éployent les nobles architectures, si régulièrement belles, si pathétiquement harmonieuses et évocatrices de la grâce française! C'est en vain que le jet d'eau mélancolique s'élance en bondissant dans la nappe glauque du bassin! C'est en vain que des lumières brillent! Quelque chose dort dans cette fosse de pierre et de verdure que rien ne peut réveiller désormais.

Comme cette terre, ces pierres, ces eaux jaillissantes, cette verdure parlent mieux que les livres! Comme le vide de ces arcades évoque plus nettement ceux et celles qui les virent passer, que la plus belle page de littérature et d'histoire! Cela se peuple, cela grouille, cela vit enfin dans la première ombre crépusculaire, cela s'anime étrangement. Ne reconnaîtrait-on pas les visages de celles-là qui furent l'ornement des Galeries de Bois, le plaisir des yeux, le scandale des mœurs austères ? Fanchon, Georgette, la Blonde Elancée, c'est vous qu'on voit passer avec les yeux des souvenirs, c'est vous qu'on heurte, blancs et délicats fantômes des arcades désertées, petits spectres frivoles qui mêlez au froufrou de vos jupes de nankin et de raz de soie le cliquetis aigre de vos légers ossements !

Campo-Santo de la prostitution, ossuaire des amours défuntes, charnier silencieux de caresses vénales, ne demeurez-vous pas, dans la fièvre de la ville moderne qui vous dédaigne, qui vous oublie, l'enseignement le plus pénétrant de la Terreur qui déferla au long de vos murs ? Immobile et impassible témoin, le Palais Egalité est là qui parle. C'est un peu de son écho que nous avons tenté de retenir et de fixer ici, dans l'énorme clameur révolutionnaire que troue, dominateur, triomphal, vainqueur des temps et de l'espace, le rire des filles publiques — petites sœurs impudiques de l'éternel Erôs.

LIVRE III

De la Luxure à la Guillotine

I

Une courtisane de la Révolution. — La suave Emilie. — Le 5o et ses habitués. — Un mari qui aime les actrices. — Une épouse qui aime les chanteurs. — La conspiration de l'étranger. — Fouquier-Tainville et les dames de Sainte-Amaranthe. — La fournée du 29 prairial. — Au cimetière Sainte-Marguerite.

Dans cette cohue luxurieuse qui, au long de ces pages, s'est bousculée, heurtée, nous aimons à détacher quelques figures qui vont nous livrer le secret de la vie intime d'une des grandes amoureuses de la Révolution. Ce qui est impossible à reconstituer pour toutes ces filles publiques, inconnues ou oubliées de la Terreur, ne l'est pas pour cette Sainte-Amaranthe dont le roman commença par la luxure et s'acheva par la guillotine.

Presque pas à pas nous la pouvons suivre dès les années de ses débuts dans la galanterie jusqu'aux longues heures de son agonie. Et à l'évoquer, nous allons voir paraître, dans son ombre, la dominant presque, Emilie, la fille dont la mort fera bénéficier la mère d'une pitié indulgente, tant il est vrai qu'à celles qui aimèrent beaucoup, il importe de beaucoup pardonner.

Ce n'est point toujours une plaisanterie que celle qui attribue un officier supérieur décédé, comme père, à la fille publique soucieuse d'un nom moins roturier et de quelque décorum. Sainte-Amaranthe, ce nom, quoique « sentant trop les veuves de table d'hôte et d'hôtel garni (1) », appartenait légitimement à Mlle Jeanne-Françoise-Louise de Saint-Simon d'Arpajon, fille d'un gouverneur de Besançon. Qu'elle l'eût acquis avec le consentement de l'officier du roi, son père, cela est moins incontestable. On peut croire qu'il eut la main forcée par la grossesse un peu prématurée de Jeanne-Françoise. C'est là un cas où la coupable n'a à choisir qu'entre deux partis : entrer au couvent ou se marier. Ce fut ce dernier qu'elle prit et ainsi Mlle de Saint-Simon d'Arpajon devint Mme de Sainte-Amaranthe.

M. de Sainte-Amaranthe père était receveur général des Finances, haute fonction qu'il remplissait

(1) *Mémoires de Mlle Flore, actrice des Variétés*, p. 252.

avec honneur et avec cette dignité qui caractérisait si bien quelques-uns des grands fonctionnaires de l'ancien régime. Le fils semble avoir eu peu de ces qualités. Son aventure avec Mlle de Saint-Simon prouve que la galanterie lui était chère, mais puisqu'il répara ce que celle avec la jeune fille eut de trop audacieux, c'est sur d'autres faits qu'il importe de le juger.

Ces faits eux-mêmes ne sont guère pour plaider en sa faveur. Mêlé à des combinaisons et à des tripotages d'argent assez louches, perdant pied de jour en jour, incapable de résister à la mauvaise fortune et à la mauvaise tournure de ses affaires, il se décida à laisser là sa femme et à disparaître. Et il disparut, en effet. On n'a jamais su avec certitude ce qu'il devint. On assura l'avoir vu cocher en Espagne, mais en négligeant d'apporter des précisions satisfaisantes. Quand, plus tard, Mme de Sainte-Amaranthe se déclarera veuve d'un officier de Louis XVI, tombé victime des troubles populaires d'octobre, on ne pourra guère lui donner un démenti, le principal intéressé ayant définitivement disparu. Deux enfants demeuraient à Mme de Sainte-Amaranthe, Charlotte-Rose-Emilie, née en 1776, et Louis, appelé Lili, né en 1779.

C'est une situation doublement douloureuse que celle d'une femme réduite au dénûment après une vie de luxe, de confort, même quand cette vie fut troublée par les premières secousses de la ruine. Il est difficile d'abdiquer ainsi des habitudes familières, d'être sa domestique quand on eut des valets et de se contenter d'un médiocre et modeste appartement alors qu'un hôtel élégant fut le vôtre. Ce fut pourtant cette lugubre destinée qui attendit Mme de Sainte-Amaranthe. Contre les coups du sort une jeune et jolie femme n'a que le recours de sa jeunesse et de sa beauté. Ce recours fut aussi celui de la mère d'Emilie. On peut donc nettement accuser le départ du mari oublieux de la prostitution, élégante, décente, mais équivoque néanmoins, où sa femme se réfugia.

Son choix, si toutefois elle eut le droit et le loisir de choisir, se porta sur un des grands seigneurs de l'époque, incarnant ce que la société polie et libertine du siècle avait de grâce, de savoir-vivre et de générosité. Le prince de Conti fut donc le premier amant de Mme de Sainte-Amaranthe, du moins celui qu'elle avoue et qu'on lui connut publiquement. Mais de quelle maîtresse quel amant ne se lasse point? Le cœur de Mme de Sainte-Amaranthe ne devait plus, désormais, rester fermé à aucune tendresse, et, sans dommage aucun, le vicomte de Pons, un peu ridé, mais aimable encore, pouvait prendre la place du prince en allé.

Quand l'argent entre dans les questions d'amour, le personnage qui l'apporte n'importe guère. Le vicomte de Pons fut donc bien accueilli et trouva chez Mme de Sainte-Amaranthe tout ce qui pouvait plaire à ses exigences de célibataire et à son plaisir amoureux.

Sans doute, dans la quiétude d'une existence heureuse, dénuée du souci matériel, Mme de Sainte-Amaranthe aurait-elle terminé sa vie, si le grand vent dévastateur de 89 n'eût abattu ce qui tentait de lui résister dans l'ancienne France. A Coblentz ou à Londres, la noblesse alla attendre l'accalmie. Elle devait l'attendre plus de dix ans. Le vicomte de Pons n'émigra point. Il espéra jusqu'au jour où l'espérance ne fut plus possible. Alors, prudemment, déguisé, il essaya de gagner la frontière où le prince de Conti l'avait précédé comme il l'avait précédé dans le cœur et dans l'alcôve de Mme de Sainte-Amaranthe. Mais, cette fois, il ne parvint pas à imiter son rival jusqu'au bout. Sa maîtresse tenait, à cette époque, au deuxième étage de l'*Hôtel* (garni) *de Boston*, rue Vivienne, une manière de salon qu'on veut nous faire admettre pour un salon de conversation. C'était, en réalité, un salon de bonne hôtesse où Mme de Sainte-Amaranthe présentait volontiers les visiteurs aux visiteuses, sans s'inquiéter des suites de ces connaissances faites à l'impromptu. On peut croire que quelque bénéfice en pouvait résulter pour elle. C'est l'instant où apparaît dans sa vie un sieur Aucane, âgé de quarante-trois ans, né à la Martinique et ancien capitaine de cavalerie au régiment Colonel-Général (1). Fouquier-Tinville, dans un de ses derniers réquisitoires, l'accusera d'avoir entretenu avec elle

(1) *Archives nationales*, série W, carton 434, d. 974, II, p. 87.

« des relations les plus intimes (1) ». On peut le croire, en effet, car comment expliquer autrement la cohabitation qui commença dès lors ? Un des biographes de cette femme du demi-monde de la Terreur, le plus porté à la montrer comme une pitoyable victime, écrit d'elle : « Sans appartenir à la catégorie des femmes d'utilité publique que le premier venu, en y mettant le prix, peut momentanément retirer de la circulation, Mme de Sainte-Amaranthe était une fantaisiste de l'amour, une émancipée plus encore qu'une déclassée, très éclectique dans ses goûts (2)... » Nous n'avions pas besoin de cet aveu pour croire que l'éclectisme de Mme de Sainte-Amaranthe avait admis Aucane à la succession du vicomte de Pons. Il sut d'ailleurs lui témoigner sa reconnaissance d'une façon appréciable, étant donnée la ruine qui la guettait. Aucane, intéressé comme actionnaire dans les affaires de la maison de jeu située au 50 du Palais-Egalité, en fit confier la direction à celle que l'acteur Fleury nomme « cette spirituelle

(1) Ce réquisitoire écrit le 8 thermidor et prononcé le 9, fut le dernier acte de Fouquier-Tinville, comme accusateur public, qui eut une sanction juridique. Des vingt-huit accusés de cette audience, un fut acquitté, un autre mis hors des débats pour cause de maladie, et vingt et un condamnés à mort. Cinq des accusés n'avaient point été trouvés dans les prisons. Nous avons publié ce réquisitoire *in extenso* dans notre volume, *Les Réquisitoires de Fouquier-Tinville*.

(2) Henri d'Alméras, *vol. cit.*, p. 32.

Sainte-Amaranthe (1) ». Nous allons avoir l'occasion d'y revenir.

« Elle allait volontiers et facilement, écrit M. d'Alméras, des royalistes aux girondins, des girondins aux montagnards. » Parmi ces derniers, le plus brillant fut assurément le bel Hérault de Séchelles, l'aristocrate et l'Antinoüs de la Montagne. Ses relations amoureuses avec la Sainte-Amaranthe sont indéniables. « C'est elle qui a su cependant me conserver le plus longtemps, malgré mes défauts », écrit-il à une nouvelle maîtresse, à cette Suzanne Giroust, dite de Morency, dont un portrait nous est resté avec ces vers d'une naïve franchise :

> Docile enfant de la nature,
> L'Amour dirigea ses désirs ;
> De ce Dieu la douce imposture
> Fit ses malheurs et ses plaisirs.

La Morency, avant que de devenir la maîtresse du dantoniste, le vit avec Mme de Sainte-Ama-

(1) *Mémoires de Fleury, de la Comédie-Française* (1789-1822), p. 242. — Les *Mémoires* de Fleury ont été rédigés sur des notes laissées par lui, par l'acteur Lafitte.

ranthe. Naturellement, peu suspecte de tendresse à l'égard de cette rivale, elle écrit dans ses mémoires romanesques : « Sainte-Amaranthe est sa maîtresse, sa sultane favorite, mais son sérail est nombreux (1). »

Hérault de Séchelles était une belle proie amoureuse. Riche, élégant, puissant, il représentait pour Mme de Sainte-Amaranthe la sécurité dans le danger, le plaisir voluptueux et un appui financier estimable. Le brave Aucane, atteint de la pierre, acceptait volontiers le partage. Il était de la race des amants résignés. Il le montra bien lorque, dix jours après sa frivole maîtresse, il monta sur le même échafaud. S'il faut en croire une dénonciation, il n'était cependant point le maître souverain de ce cœur de femme à la veille du retour. Un nommé Eugène, qualifié de ci-devant chevalier de Saint-Louis, est désigné comme vivant depuis plusieurs années avec elle et ce à la date du 13 frimaire an II (3 décembre 1793) (2). On voit que le nombre des adorateurs n'était pas pour effrayer la mère de la belle Emilie. Pourtant, à ses côtés, cette

(1) G... de Morency, *Illyrine ou l'écueil de l'inexpérience ;* Paris, chez l'auteur, rue Neuve-Saint Roch, n° 111; Rainville ; Mlle Durand ; Favre ; tous les marchands de nouveautés, an VII-an VIII, 3 vol. in-8°. — Le quatrain que nous citons orne le portrait d'elle placé en frontispice au tome I.

(2) Dénonciation de Pierre Chrétien au Comité de Sûreté générale ; 13 frimaire an II. *Archives nationales,* série W, carton 389, n° 904, II, pièce 56.

fille, âgée de dix-sept ans, dans la fleur de sa grâce, lui était une redoutable concurrente. L'âge lui faisait subir ses premiers et redoutables assauts. « Quelquefois, elle n'avait que vingt-cinq ans le matin et le soir quarante », écrit d'elle son amie Armande Rolland (1). Terrible chose pour une amoureuse qui se refuse à abdiquer! Il est vrai qu'elle résistait bien à ces outrages, c'est du moins ce que tâche à faire croire l'inaltérable et vraiment merveilleuse amitié d'Armande Rolland. Elle rapporte ce propos : « Elle disait souvent en riant et non sans vérité : « Imagine-t-on qu'avec mon teint
« jaune, mes yeux verts, mes cheveux gris et
« mon nez de travers, on m'ait créé et l'on me con-
« serve l'existence d'une jolie femme? » Mais son sourire, sa tournure ravissante, un esprit vif et piquant, les manières les plus élégantes la faisaient triompher des plus belles (2). »

Quand une femme avoue des cheveux gris, c'est qu'elle les teint. De ce teint jaune, de ces yeux verts, de ce nez de travers, on peut douter. Ce sont là des choses qu'on reconnaît de moins bonne grâce. On peut croire, au contraire, que Mme de Sainte-Amaranthe, soucieuse et soigneuse de sa beauté, était encore, en 1793, capable et digne de recevoir les hommages d'Hérault de Séchelles, épicurien qui se connaissait en tous les genres de beauté.

Cette beauté, dont la mère conservait les admi-

(1) A... R..., vol. cit.
(2) Ibid.

rables restes en témoignage du passé, se retrouvait tout entière chez la fille que le souvenir attendri de Fleury désigne sous le nom de « charmante et suave Emilie (1) ».

Un de ses amants, le comte Alexandre de Tilly, a laissé d'elle un portrait reconnaissant où il la déclare « la personne de France la plus universellement fameuse pour sa beauté unique ; créature ravissante que la nature s'était plu à parer de plus rares ornements et qu'elle ne montrait à la terre pour qu'en la citant toujours on n'eût plus rien à lui comparer. Elle fut la plus belle personne de Paris dans son temps ; elle le fut complètement (2) » Cet enthousiasme pour la beauté de la divine Emilie peut paraître intéressé chez celui qui devait en conser-

Brissot, un des habitués du salon de la Sainte-Amaranthe.

(1) Fleury, *vol. cit.*, p. 242.
(2) *Mémoires du comte Alexandre de Tilly pour servir à l'histoire des mœurs de la fin du XVIIIe siècle ;* Paris, chez les marchands de nouveautés, 1828. 3 vol. in-8°. — Ces mémoires ont été attribués à Alphonse de Beauchamp et Auguste Cavé.

ver le souvenir voluptueux, c'est donc autre part que nous devons en chercher la confirmation. Cette fois encore, c'est M{^lle} Armande Rolland qu'il faut citer : « Malgré la rare perfection de l'ovale de sa figure, écrit-elle, elle n'appartenait pas au type grec, mais plutôt à celui des beautés du siècle de Louis XIV. Ses formes étaient admirables, dans de délicates proportions; sa taille moyenne, sa démarche, ses poses réunissaient à la fois la suavité charmante et une gracieuse dignité. L'extrême régularité de ses traits ne pouvait admettre une expression très prononcée; cependant, son sourire était un attrait de finesse qui le rendait enchanteur, et, lorsqu'il s'y joignait un certain mouvement de tête, il révélait une pensée plus significative que son langage même ne l'indiquait. Sa physionomie et son maintien étaient d'une noblesse extrême; jamais l'idéal d'une princesse n'a été plus réalisé que dans la personne d'Emilie. »

L'unanimité des suffrages peut donc nous faire croire à cette beauté. Si elle demeurait si noblement pure, il n'en était point de même de la réputation d'Emilie. Les bruits de débauche, dont se faisaient l'écho quelques-uns des almanachs graveleux de l'époque, sont ici pour le moins exagérés. Nous verrons, un peu plus loin, à quelles justes proportions il convient de les réduire en toute équité. Certes, le milieu où vivait Emilie n'était guère fait pour conserver une jeune fille de son âge dans ce qu'il est convenu d'appeler les sentiers de la vertu. « Tripot, si l'on veut, confesse M. d'Alméras, le numéro 50 était au moins le plus élégants des tripots. » Comme si l'élégance pouvait être une excuse valable en cette affaire ! Mais il continue : « Glaces, boiseries sculptées, fines dorures, valets bien stylés, service irréprochable, tout y révélait non seulement le luxe et la richesse, mais ce tact et ce goût des grandes maisons d'autrefois. La Borde, qui y vint un jour, se crut transporté dans le salon de jeu de Versailles (1). » Au début, le parti royaliste se trouva là chez lui, car Mme de Sainte-Amaranthe ne s'*encanailla* qu'au fur et à mesure de la marche des événements. C'est bien là ce qui ressort de la dénonciation de Pierre Chrétien, au Comité de sûreté générale et de surveillance, que déjà nous avons citée :

Il était de notoriété publique, y est-il dit, que la femme Sainte-Amaranthe tenait depuis longtemps une partie de jeux de hazards *(sic)* et que la maison placée au n° 50 du Palais-Royal était le réceptacle de tous les plus madrés contre-révolutionnaires et escrocs (2).

On n'y dédaignait point les histoires grasses, et le comte de Montgaillard, qui semble avoir fréquenté chez Mme de Sainte-Amaranthe, conte qu'une actrice du Théâtre Italien, Mlle Adeline, s'y faisait l'écho d'une anecdote assez scandaleuse dont Louis XVI était le héros. Monsieur, ayant, assurait-elle, invité le roi à des fêtes dans sa propriété

(1) Henri d'Alméras, *vol. cit.*, p. 112.
(2) *Archives nationales*, série W 1 bis, carton 389.

de Brunoy, y conçut le projet de le débaucher. Pour qui sait la répugnance instinctive de Louis XVI pour tout ce qui touchait la bagatelle, l'entreprise de Monsieur doit sembler bien audacieuse. Elle réussit à moitié, d'ailleurs. « Louis XVI, sortant de table, vers onze heures du soir, la tête échauffée de champagne, trouve sous la main, dans un corridor assez obscur, une jeune femme, la saisit au corps et jouit de ses faveurs : c'était la femme de chambre de Carline; aussitôt après, Louis XVI se retire précipitamment, mais la fille court après lui et le retient par le bas de l'habit; feignant d'ignorer que ce fût le roi, elle demanda le remerciement d'usage : « Vous « mettrez cela sur le mémoire », dit Louis XVI en se dégageant (1). »

Mais ce n'était pas toujours d'aussi réjouissantes histoires que se régalaient les familiers du 50. Au lendemain de l'arrestation de Philippe-Egalité, M. de Monville, qui assista à la chose, vint en raconter les détails chez Mme de Sainte-Amaranthe. C'était un joueur de grande marque qui, à ce titre, ne quittait le tapis vert du duc d'Orléans que pour celui de la tenancière du 50. Pendant qu'à la Convention se discutait l'arrestation du prince, il

---

(1) « C'est la seule infidélité connue que Louis XVI ait fait à la Reine », ajoute Montgaillard qui dit que l'histoire était garantie par M. Pigeon de Saint-Paterne, dont « la véracité était généralement reconnue ». *Vol. cit.*, pp. 80-81.

jouait avec celui-ci une partie passionnante qui ne fut interrompue que par le dîner. On le servit sur la table même du jeu au moment où Merlin de Douai accourait, en toute hâte, annoncer le vote du décret d'accusation qui devait envoyer, un peu plus tard, Egalité à la guillotine.

Le prince, à cette nouvelle, demeura atterré.

— Grand Dieu! dit-il, est-ce possible? Après toutes les preuves de patriotisme que j'ai données, après tous les sacrifices que j'ai faits, me frapper d'un pareil décret? Quelle ingratitude, quelle horreur! Qu'en dites-vous, Monville?

M. de Monville, le plus calmement du monde, après avoir dépouillé sa sole et exprimé le jus d'un citron, répondit :

— C'est épouvantable, monseigneur, mais que voulez-vous? Ils ont eu de votre Altesse tout ce qu'ils pouvaient en avoir, elle ne peut plus leur servir à rien et ils en font ce que je fais de ce citron vide

Et élégamment, M. de Monville lança les quartiers du fruit dans la cheminée, ajoutant :

— Je vous fais observer, monseigneur, que la sole doit être mangée chaude (1).

C'est ainsi que, le dos au feu, d'un air dégagé, M. de Monville faisait part de l'événement aux dames de Sainte-Amaranthe. Mais des conteurs du genre de M. de Monville devaient bientôt céder

(1) Comte de Montgaillard, *vol. cit.*, pp. 151, 152.

la place à des hommes qui, pour ne point être moins aimables, étaient cependant d'un autre monde. Ce fut le temps où Manuel, Petion, Siéyès, Chapelier, Antonelle, l'homme des cailles au gratin, Merlin, Vergniaud, Buzot, Barnave et Louvet vinrent chercher là le reflet de la République athénienne, policée, aimable, élégante, et le sourire d'une Aspasie nouvelle aux lèvres charmantes de la suave Emilie. M. de Laplatière y présenta Camille Desmoulins, à qui Emilie fit compliment de la beauté de Lucile pour s'attirer involontairement ce madrigal :

— Oui, citoyenne, Lucile est bien belle, car elle le serait même auprès de vous (1).

Le temps était à ces berquinades galantes, et un ami de Camille Desmoulins, Beffroy de Reigny, son condisciple à Louis-le-Grand, le cousin Jacques populaire, ne remplissait-il pas d'amoureuses plaisanteries en l'honneur de comédiennes aimées, les imprimés les plus graves des Comités civils? Ce certificat de Cythère délivré par lui à la soubrette du Théâtre-Français, Sophie Devienne, n'est-il pas caractéristique de l'époque, lui aussi, en alliant ainsi, sur un papier officiel, le madrigal à la souriante ironie?

Mais que cette société de bon ton ne nous fasse pas oublier que Mme de Sainte-Amaranthe donnait

(1) Lefebvre Saint-Ogan, *Les Dames de Sainte-Amaranthe ;* la *Nouvelle Revue*, novembre 1894.

(N.° 3.)

Nous Désigner les Noms, Prénoms et Age ; s'il est Garçon ou marié, les Noms, Prénoms et Age de la Femme et de chaque Enfant.

Nota Faire mention si le Réfugié, sa Femme et ses Enfans exercent quelques Professions, ou s'ils ne peuvent en exercer aucune, et pour dans l'indigence.

NOUS, Membres du Comité Civil de la Section du Mail certifions que la Citoyenne Jeanne Françoise Theieven, dite Devienne, actrice du Théâtre français, Réfugiée de Cythère, District des Grâces, Département des Plaisirs est domiciliée dans l'arrondissement de la Section du cœur du cousin Jacques, qui l'aime à la folie, et que, par ces motifs, il a droit aux Secours décrétés par l'article 2129 de la Loi du 27 Vendémiaire, troisième année de la République cythérienne, en vertu de laquelle Loi toute réfugiée doit payer tribut à celui qui la reçoit.

FAIT au Comité civil des amours à Paris
Le 25 Nivôse, an IV.

Beffroy-Reigny
en chef fauteur et commissaire

Certificat galant délivré par Beffroy de Reigny (Le Cousin Jacques) à la Devienne, du Théâtre Français.

aussi à jouer, qu'autour des tapis verts de ses beaux salons s'exaltaient les mêmes fièvres, se cabraient les mêmes désespoirs que ceux des autres tripots. Mais, ici, du moins, les filles publiques n'avaient pas accès, et leurs invites non déguisées ne détournaient pas des bonnes et complaisantes hôtesses des hommages qui n'étaient destinées qu'à elles (1).

Ce fut là que le fils de l'ancien lieutenant de police Sartine vint chercher celle qui allait devenir sa compagne. C'était ce qu'aujourd'hui nous appellerions un *viveur*, c'est-à-dire grand coureur de filles d'opéra qui lui avaient, avant son mariage, croqué plus de 300 000 francs de rente (2), « personnage très insignifiant, à la taille ramassée, à la figure poupine, et qui devait presque tout son mérite à la supériorité de son tailleur (3) ». Sur le tapis vert du 50 il était venu, comme tant d'autres, tenter et lasser la fortune, plus soucieux cependant d'attirer les regards d'Emilie que de

(1) Voici comment Fleury, dans ses *Mémoires*, p. 244, enguirlande de périphrases, le rôle des dames de Sainte-Amaranthe, au tripot du 50 du Jardin-Egalité : « Ces souveraines de salon devinrent d'humbles hôtelières, elles tinrent une table où l'on donnait à manger à un prix très modéré : ainsi elles vécurent et firent vivre. « Les crédits me tuent », disait plaisamment la gente Emilie en soulevant de ses mains délicates un trousseau de clefs reluisantes. » Le tableau est joli, il n'y manque cependant que les amants et les pontes.

(2) Lefebvre Saint-Ogan, *ouvr. cit.*

(3) H. d'Alméras, *vol. cit.*, p. 131.

suivre le jeu de la boule d'ivoire de la roulette. Pour l'amour de ces beaux yeux, il perdit tout ce qu'il voulut et tout ce qu'on voulut. C'était bien ce que le comte de Tilly appelait un « petit extrait de machine à argent pour toutes les courtisanes de Paris ». Ses aventures avec diverses demoiselles de théâtre, Fouquier-Tinville, lors de sa comparution devant le Tribunal révolutionnaire, le 29 prairial, les lui reprocha, disant : « Ce Sartine fils, plus connu par son immoralité individuelle que par les crimes de son père. »

Lors de ses visites au tripot du 50, il représentait pour Mme de Sainte-Amaranthe quelque chose de cette ancienne grande société dont ses galanteries l'avaient exclue. Comme tous les royalistes, elle ne considérait la Révolution que comme une crise de courte durée dont la fin ramènerait la noblesse, rouvrirait les salons fermés et remettrait la canaille à la raison. Cette illusion la faisait demeurer à Paris, en France, jugeant inutiles les dangers d'une émigration qui ne pouvait se prolonger. Ayant le fils Sartine pour gendre, ce monde qui s'était fermé devant elle allait se rouvrir, l'accueillir en belle-mère de qualité, en parente d'un ancien ministre du roi, d'un ancien premier magistrat de Paris. Il est facile de présumer que ce furent là surtout les raisons qui lui firent pousser Emilie à épouser ce singulier prétendant.

Emilie venait de traverser une grande crise morale dont elle sortait le cœur brisé. Le comte de

Tilly avait été son premier amour, et, en libertin de qualité, après avoir tâté de ce jeune et beau fruit, il l'avait laissé là pour courir à d'autres aventures plus piquantes, car il adorait l'imprévu et ne répugnait pas à la vulgarité qui fut la caractéristique de plusieurs de ses liaisons passagères. Plus tard, se souvenant d'Emilie, il écrivait dans ses *Mémoires* : « Mon cœur a aimé d'autres femmes davantage... » et certainement il ne mentait pas à sa pensée pour Emilie, mais il mentait à la mémoire de toutes les autres qui lui avaient passé dans les bras.

Cette passion contrariée, mouvementée, clandestine, faite de rendez-vous en des mansardes, de billets doux écrits avec du sang, de serments éternels comme tous les serments de ce genre, cette fièvre, où la chair tenait assurément plus de place que le cœur, avait laissé Emilie épuisée, lasse au point de tomber dans les bras du fils Sartine puisqu'il les ouvrait et que sa mère l'y poussait. Bizarre union! Etrange ménage! La femme chercha des consolations amoureuses autre part que chez son mari, et celui-ci retourna aux actrices dont il était décidément engoué au point qu'on ne saurait dire, et qui, d'ailleurs, lui montrèrent une complaisance voluptueuse sans pareille dont il usa avec une extrême licence.

C'est ainsi qu'il se trouva succéder, suivant Montgaillard, d'ailleurs fort réservé sur cet objet, à Tilly dans les faveurs de Mlle Adeline, du

Théâtre Italien. Tilly lui avait joué un vilain tour en lui empruntant de l'argent. La somme assez considérable, semble-t-il, empochée, il avait été courir le tendron en quelque autre endroit. C'étaient là choses que Tilly chérissait d'une particulière faiblesse. Fut-ce pour réparer les brèches faites à son crédit qu'Adeline se tourna vers le fils Sartine ? C'est un point trop délicat et qu'il est difficile de fixer. Sartine avait encore des débris de la grande fortune paternelle et il était, en outre, intéressé dans les bénéfices du 50 au point qu'on l'en considérait comme un des principaux « souteneurs (1) ».

Emilie laissa son mari aux actrices. Ce lui semblèrent des détails en tous points indignes d'attirer l'attention, d'autant plus que Tilly avait un remplaçant dans son cœur où M. de Sartine ne trouva jamais place.

Le nouvel élu était le sieur Elleviou. Il avait à cette époque vingt-trois ans, étant né à Rennes en 1769, et était en cette année 1792 la coqueluche des habituées du Théâtre Favart. En 1790, le 19 avril, il y avait débuté dans le *Déserteur*, et sa voix, sa tournure, sa prestance lui avaient valu les plus aimables succès. Il était d'ailleurs vain, nous a-t-on dit, du suffrage des belles (2), et ce

---

(1) Chrétien, dénonciation déjà citée.
(2) *Biographie des hommes vivants;* Paris, Michaud, octobre 1816-février 1817, tome II, p. 518.

désir de plaire, de conquérir altérait la simplicité de son jeu et lui avait fait la réputation d'un bellâtre et d'un fat (1), ce qu'il était en toute vérité.

Ce fut là le gaillard dont s'amouracha la belle Emilie. Elle pouvait, certes, plus mal choisir, car Elleviou, malgré ces défauts, qui n'étaient que le résultat de ses succès galants, était un honnête homme. Il n'avait pas la déplorable renommée qu'acquirent depuis des ténors fameux, forts en voix, et dont les succès rapportèrent mieux que des satisfactions amoureuses.

Dans l'orage augmentant de jour en jour, cet amour d'Emilie pour Elleviou grandit, devint passion et ne connut bientôt plus aucune contrainte. Le chanteur lui adressait, en grand secret, des épîtres enflammées et dont le moins qu'on saurait dire c'est qu'il ne s'en pouvait voir de plus galantes. Mais ce n'étaient là que de petits jeux qui demandaient d'autres satisfactions.

C'est à Sucy, en Brie, dans un château, ancienne gentilhommière assez rustique et mal commode, que le roman devait avoir son dénouement et la tragédie son prologue.

La mort des Dantonistes devait être fatale pour

(1) Cette fatuité, cette prétention lui firent abandonner, pour rentrer dans la vie privée, le théâtre où on lui refusait 40.000 francs d'appointements. Non content de ses succès d'acteur, il désira les lauriers de l'auteur et fit jouer, en 1805, un opéra-comique, *Délia et Vordikan*, musique de Berton, qui fut outrageusement sifflé et tomba à plat.

Mme de Sainte-Amaranthe. Outre Hérault de Séchelles, qui venait pour l'amour, elle avait reçu, assez familièrement, le conventionnel Chabot, l'ex-capucin, qui venait pour affaires. Quelles étaient-elles exactement ? Il semble assez difficile de faire la lumière dans les ombres fumeuses de ce procès qui trouva, on le sait, sa source dans le privilège de la Compagnie des Indes et sa liquidation. Or, Mme de Sainte-Amaranthe possédait des actions de la Compagnie des Indes, et les attentions pour Chabot, les fréquentes visites qu'il faisait au 50, peuvent s'expliquer assez plausiblement quand on réfléchit au rôle du conventionnel dans l'affaire de la Compagnie. Donnait-il des conseils à Mme de Sainte-Amaranthe ? La prévenait-il des intentions des Comités ? La conseillait-il dans la vente de ses actions ? Toutes questions qu'on ne peut élucider avec certitude et sur lesquelles les débats du procès des Dantonistes n'apportent qu'une confuse lumière.

Le 16 germinal allait voir tomber les têtes des deux plus puissants, plus précieux protecteurs de Mme de Sainte-Amaranthe. Une même fosse, au cimetière des Errancis, dans le faubourg de la Petite-Pologne, mêlerait les cendres de Chabot à celles d'Hérault de Séchelles dans la terre qui allait, pour l'éternité, garder les ossements de Danton et de Camille Desmoulins.

Cette intimité des Dantonistes avec les tenancières du 50 n'était pas un secret dans Paris. A

Sucy, Mme de Sainte-Amaranthe, Emilie, Sartine crurent la faire oublier. Aucane était de la compagnie. Il espérait pouvoir jouir en paix d'une conquête qui lui avait demandé une patience si digne d'un meilleur sort et d'un meilleur objet. Le

Une action de la Compagnie des Indes.
(Collection Saffroy.)

château de Sucy — disparu un peu après 1870 — était une grande bâtisse située dans un paysage charmant, coupé d'eaux vives qui faisaient tout le mérite et le seul agrément de la villégiature. Depuis quelques mois, la famille vivait là, ne venant que rarement à Paris, prêtant l'oreille anxieusement aux grondements de la grande ville. Mais, en l'ignorant, ils étaient surveillés étroitement, épiés avec soin, et cela c'était à Elleviou qu'ils le devaient.

Le chanteur, les soirs où il n'était point retenu au théâtre, prenait un cabriolet et gagnait Sucy. Laissant la voiture en un endroit sûr, il prenait, à travers champs, le chemin du château. Dans un des murs de l'enclos s'ouvrait une petite porte basse dont il avait la clef. Dans l'ombre des charmilles, il guettait le signe convenu avec Emilie. A l'aide d'une lumière elle rassurait le chanteur. C'est qu'il pouvait entrer. Se glissant au long des murs, il pénétrait dans la chambre de sa maîtresse par un petit escalier dérobé. Elle l'attendait, toute frissonnante, éperdue, goûtant sur ces lèvres aimées le poison des tendresses adultères. Bien avant que se levât l'aube, Elleviou partait, retrouvait le cabriolet et regagnait Paris, épuisé, las, effondré, heureux.

Un soir, il faillit être surpris, quoique la complicité de Mme de Sainte-Amaranthe et des hôtes du château, hormis cet étourneau de Sartine naturellement, lui fût acquise. Ses venues nocturnes à Sucy avaient donné l'éveil. Dans cet amant volant au rendez-vous voluptueux, les patriotes de l'endroit avaient vu un conspirateur se rendant au rendez-vous d'un complot, et il n'était plus personne à Sucy et au château, toujours hormis Sartine, qui ignorât qu'un homme pénétrait chaque

Cécile Renault.
(Portrait dessiné par Bonneville.)

nuit dans la demeure endormie où ne veillait, à la vitre du premier étage, que la lumière d'Emilie.

Ces visites devaient avoir la conséquence qu'on peut deviner. Un soir des derniers jours de frimaire an II (décembre 1793), une patrouille armée, sous la conduite des officiers municipaux de Sucy, pénétra dans le château. Elleviou venait d'arriver et tout allait se découvrir au cours de la perquisition. Sartine n'ignorerait plus rien de son malheur conjugal. Armande Rolland, qui, ce soir-là, avait dîné avec ses amies, monta à la chambre d'Emilie la prévenir du danger menaçant. Bien lui en prit, car la patrouille montait les escaliers. Au seuil de la chambre d'Emilie, elle trouva la jeune femme lui faisant l'hommage d'un flot de rubans tricolores. L'orage était détourné, on ne suspecta rien, on négligea de visiter le placard où, une sueur d'angoisse aux tempes, le cœur battant à grands coups, se terrait Elleviou. La patrouille partie, il reprit son cabriolet et, pendant quelques jours, ses visites cessèrent.

Mais des cœurs, même les plus craintifs, l'amour fut toujours le maître. Elleviou redoubla de précautions et revint à Sucy. Au haut du petit escalier, Emilie éperdue, palpitante, tombait dans ses bras.

Ces événements avaient précédé la chute des Dantonistes, et déjà, vers pluviôse, les dames de Sainte-Amaranthe, ne se doutant pas d'où le danger les menaçait, pouvaient se croire en sécurité.

Au cours de ses voyages à Paris, la mère d'Emilie voyait Chabot et Chabot apportait de meilleures nouvelles, des promesses de pacification prochaine. On était au début de germinal. Avec les promesses rassurantes de Chabot, Mme de Sainte-Amaranthe avait regagné Sucy. Le 11, la catastrophe éclata. Dans la nuit, des patrouilles parcoururent le district des Cordeliers. Cour du Commerce, elles arrêtèrent Danton ; place de l'Odéon, Camille Desmoulins. Fabre d'Eglantine était arrêté, Bazire était arrêté, Lacroix était arrêté, Chabot était arrêté, Hérault de Séchelles était arrêté. Les portes de la prison du Luxembourg se refermèrent sur eux.

Nous l'avons dit : on n'ignorait rien dans les Comités du gouvernement et dans le public des relations de quelques-uns des Dantonistes avec le tripot du 50. S'en souvint-on dans la nuit du 31 mars ? C'est probable, car le lendemain, 1er avril (12 germinal), vers neuf heures du soir, le château de Sucy était investi pour la seconde fois. Le chef de la troupe était porteur d'un ordre d'arrestation visant tous les habitants du château. Il fallut cependant en excepter Aucane, infirme, cloué au lit par sa maladie, la pierre, qui devait le priver de la lugubre satisfaction d'accompagner ses amis sur la même charrette le 29 prairial suivant.

Cette même nuit, Mme de Sainte-Amaranthe, Emilie, Lili, Sartine furent dirigés sur Paris. Ils arrivèrent vers l'aube pour être écroués à Sainte-

Pélagie. Ce n'était point alors une de ces prisons que Nougaret, dans son *Histoire des Prisons*, appelle *prisons muscadines*. Mme Roland, dans ses *Mémoires*, a laissé du séjour qu'elle y fit un tableau à la manière noire nullement exagéré. « Le corps de logis destiné aux femmes, écrit-elle, est divisé en longs corridors fort étroits, de l'un des côtés desquels sont de petites cellules; c'est là que, sous le même toit, sur la même ligne, séparée par un léger plâtrage, j'habite avec des filles perdues et des assassins. A côté de moi, est une de ces créatures qui font métier de séduire la jeunesse et de vendre l'innocence; au-dessus, est une femme qui a fabriqué de faux assignats, et déchiré sur une grande route un individu de son sexe, avec les monstres dans la bande desquels elle est enrôlée; chaque cellule est fermée par un gros verrou à clef qu'un homme vient ouvrir tous les matins en regardant effrontément si vous êtes debout ou couchée; alors leurs habitants se réunissent dans les corridors, sur les escaliers, dans une petite cour ou dans une salle humide et puante, digne réceptacle de cette écume du monde (1). »

Il n'y avait point que « l'écume du monde » à Sainte-Pélagie, en 1794. Les suspects nobles en avaient fait un des derniers salons de réception de Paris, tout comme dans les autres prisons où on continuait la vie mondaine et élégante inter-

(1) *Mémoires de Mme Roland*, édit. de 1865, tome II, pp. 63, 64.

rompue par la Terreur. Ce milieu ne fit pas à M{{me}} de Sainte-Amaranthe l'accueil qu'elle se flattait de mériter. Tout comme les Jacobins, les ci-devants de Sainte-Pélagie lui reprochaient ses relations avec les Dantonistes. C'était le seul terrain sur lequel les deux partis s'entendaient à merveille.

De la vie heureuse et libre des vertes campagnes de la Brie, tomber aux horreurs des sombres cellules de Sainte-Pélagie, ce fut un terrible changement auquel les dames de Sainte-Amaranthe surent mal résister. On devine leurs dégoûts, leurs transes, leurs larmes des premiers jours. Peu à peu, les jours passant, les semaines succédant aux semaines, elles s'habituèrent au régime de la prison. Philosophiquement, dès les premiers jours, M. de Sartine en avait pris son parti.

Dans le courant de floréal, un peu plus d'un mois après son arrestation, Lili était tombé malade. On obtint de le faire transférer à la prison dite des Anglaises de la rue de Lourcine. Sa mère et sa sœur le suivirent, et c'est là que, le 28 prairial an II (16 juin 1794), l'huissier du Tribunal révolutionnaire vint, en les cherchant pour les mener à la Conciergerie, leur remettre leur acte d'accusation.

Elles commençaient, en ce moment, à renaître à l'espérance. Depuis deux mois et demi qu'elles étaient détenues, leurs premières alarmes s'étaient dissipées. On les oubliait, et c'est de cet oubli qu'elles attendaient leur salut. Triste et chétive illusion que chaque jour approchait de sa fin! La

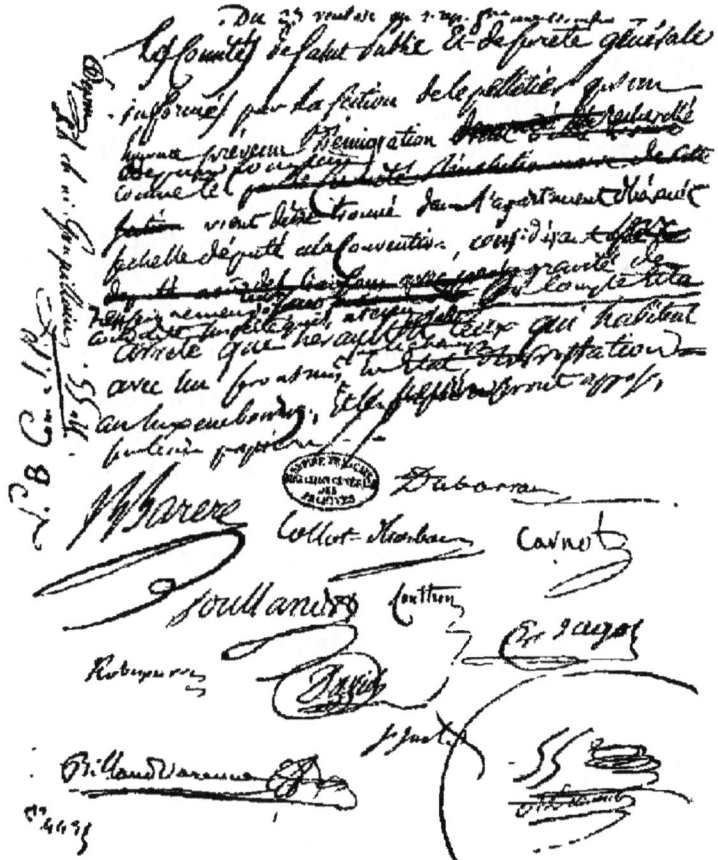

L'ordre d'arrestation d'Hérault de Séchelles.
(Archives Nationales.)

visite de l'huissier le 28 prairial vint cruellement les détromper.

Que s'était-il passé? Pourquoi, brusquement, alors que rien ne le faisait prévoir, les transféraiton à la Conciergerie où on n'entrait que pour monter au Tribunal révolutionnaire et marcher de là vers la dernière charrette ? Au numéro 4 de la rue Favart habitait le conventionnel Collot d'Herbois, l'ancien comédien, qui devait faire payer cher à Lyon les sifflets dont les spectateurs l'y avaient jadis régalé. Pénétrant chez lui, dans la nuit du 3 au 4 prairial (22-23 mai), il avait essuyé, dans l'obscurité de l'escalier, deux coups de pistolet tirés par un individu qui s'y était caché. Collot d'Herbois, manqué, rebroussa en toute hâte son chemin, criant à la garde. Quand elle accourut du poste de la section Lepelletier, l'assassin, réfugié dans une chambre du haut de la maison, menaçait quiconque s'approcherait de le tuer sur-le-champ. On défonça la porte, un serrurier qui prêtait main forte reçut un coup de pistolet, mais le meurtrier fut terrassé, emporté parmi les vociférations des locataires accourus au tapage.

C'était un nommé Admiral.

Le lendemain de cette nuit, vers le crépuscule, une jeune fille de bonne mine, portant au bras un petit panier, pénétrait dans la maison sise au numéro 366 de la rue Saint-Honoré, section des Piques, ci-devant Vendôme. A cet instant, une autre jeune fille sortait de la maison, descendant la double marche qui, dans la cour, donnait accès à une porte des bâtiments de derrière. La jeune fille au panier, s'adressant à celle qui venait à sa rencontre, lui demanda :

— Le citoyen Robespierre est-il visible ?

La réponse ayant été négative, la jeune fille reprit :

— Il est fonctionnaire public, c'est donc qu'il est fait pour répondre à ceux qui se présentent chez lui.

Le ton impertinent de cette phrase attira dans la cour deux citoyens qui attendaient, eux aussi, Robespierre. N'ayant pas reçu de réponse qui pût les satisfaire aux questions qu'ils posèrent à la jeune fille, ils l'emmenèrent au Comité de Sûreté générale. Là, on lui vida les poches. Elles contenaient deux petits couteaux.

La jeune fille était Cécile Renault.

Cette arrestation, succédant à celle d'Admiral, souleva Paris. Il était hors de doute qu'après Collot d'Herbois, Maximilien de Robespierre avait, par miracle, échappé à la mort, au poignard d'une nouvelle Corday.

Admiral, natif d'Auzelles, dans le Puy-de-Dôme, successivement valet du ministre Bertin, domestique du marquis de Manzy, employé à la Loterie royale, avouait d'ailleurs nettement son intention criminelle. Son seul regret, c'était d'avoir manqué « ce scélérat de Collot ».

Cécile Renault, au contraire, fille d'un petit papetier de la rue de la Lanterne, dans la Cité, niait toute intention homicide. Elle reconnaissait s'être rendue chez Robespierre pour voir « s'il lui convenait », pour se rendre compte « comment était fait un tyran (1) ». Elle regrettait, en outre, le roi et se déclarait prête à verser son sang pour le trône. En prévision de son arrestation, elle s'était munie de quelques hardes pour être conduite en prison et « de là à la guillotine ».

Ces deux attentats formèrent la base de la conspiration dite de l'Etranger.

Quelques historiens se sont évertués à prouver que cette conspiration n'existait que dans l'imagination délirante des conventionnels terrorisés par les menaces d'assassinat. Il apparaît cependant, nettement, clairement, qu'elle exista en réalité et que son principal fauteur fut ce Jean de Batz dont M. G. Lenôtre a fait le héros d'un roman que ne désavouerait pas le plus fécond de nos Alexandre Dumas du *Petit Journal* (2). Ancien député de la noblesse aux Etats-Généraux, le baron de Batz avait conçu le plan vague et fumeux que conçurent tous les conspirateurs royalistes sous la Terreur. C'est ainsi que, comme entrée en matière, il avait projeté d'enlever, le 21 janvier 1793, la voiture du roi mené au supplice. La tentative eut lieu indiscutablement à l'endroit où la rue de Cléry joint le boulevard Bonne-Nouvelle. La

(1) Interrogatoire de Cécile Renault devant le Comité de Sûreté générale et de Surveillance de la Convention nationale, quartidi prairial an II.

(2) G. Lenôtre, *Un conspirateur royaliste sous la Terreur : le baron de Batz* (1792-1795).

troupe du baron de Batz semble avoir été peu nombreuse. Deux hommes furent tués sur la place, tandis que de Batz et son complice Devaux fuyaient. Quel était leur but? Enlever le roi? Ils étaient huit ou dix réunis pour l'entreprise. Le roi enlevé, qu'auraient-ils fait ? Imaginaient-ils que la troupe bordant le boulevard, les escadrons entourant la voiture, se seraient déclarés pour eux? Cette incohérence dans les plans les plus audacieux fut toujours celle du baron de Batz. Elle donne le degré d'intelligence de cet individu, qui n'eut que celle d'échapper aux policiers de la Terreur, et de laisser immoler à sa place ceux qu'il avait enrôlés dans ses machinations puériles et tragiques.

Fabre d'Eglantine
guillotiné
avec les Dantonistes.

Ce fut donc la main de cet aventurier que les Comités du gouvernement et la Convention nationale crurent reconnaître dans les attentats des 22 et 23 mai. Là, peut-être, pour la première fois, on l'accusait à tort. Son plan de conspiration n'avait certainement pas prévu de cette manière l'assassinat de Collot d'Herbois et de Robespierre; sa puérilité et son dédain des moyens à employer n'allaient pas jusqu'à dépêcher chez l'Incorruptible Cécile Renault avec ses deux petits couteaux enfantins.

Mais sa maîtresse, l'actrice Grandmaison ; son ami, Cortey, l'épicier qui lui avait donné asile; Devaux, qui l'avait secondé dans le coup de main du 21 janvier 1793 ; Potier, qui fournissait, au nom du Comité de la section Lepelletier, de fausses cartes de civisme et des passe-ports en blanc; d'autres encore étaient détenus, tous complices de de Batz dans la conspiration de l'Etranger. L'affaire Cécile Renault-Admiral donna l'occasion à la Convention de juger l'affaire d'une manière suffisamment terrible pour frapper de terreur tous ceux-là qui seraient encore tentés de s'associer à l'insaisissable de Batz.

Le 26 prairial (14 juin), le conventionnel Lacoste donna lecture, au nom des Comités, à la Convention des rapports sur la conspiration, et le même jour était voté un décret qui renvoyait devant le Tribunal révolutionnaire, sans délai aucun, trente-neuf individus, savoir : Cécile Renault, Admiral, Roussel, Cardinal, Devaux, la fille Grandmaison, la femme Grimoire, Potier (de Lille), Virot-Sombreuil père, Virot-Sombreuil fils, Rohan-Rochefort, Laval-Montmorency, de Pons, Jardin, Lafosse, Burlandeux, Saint-Maurice, Ozanne, Sartine fils, femme Sainte-Amaranthe, femme Sartine, Sainte-Amaranthe fils, Cortey, Egré, Karadek, Paumier,

Lecuyer, Bassancourt, femme d'Esprémenil, Viart, Marsan, d'Hauteville, Comte, Mesnil-Simon, Deshaies, Sauge, Nicole, Tissot, Michonis. Le plus âgés des accusés avait soixante-quatorze ans, c'était F. C. Virot de Sombreuil, ci-devant gouverneur des Invalides; le plus jeune avait dix-sept ans, c'était Lili.

C'est ici que la question se pose : pourquoi et comment les Sainte-Amaranthe se trouvent-ils sur cette liste? Nous n'hésitons pas à répondre : à cause de leurs relations avec les Dantonistes, et l'explication de la chose est simple. Chabot avait été, sinon acheté, du moins pressenti par de Batz. Cela était un fait patent depuis le procès de germinal. Or, puisqu'il s'agissait de frapper à la fois tous les complices du conspirateur royaliste, le nom de Mme de Sainte-Amaranthe devait fatalement se trouver parmi ceux de la fournée. Point n'est besoin, comme le font MM. Lenôtre et d'Alméras, de l'attribuer aux dénonciations dont elle aurait pu être l'objet. Les plus terribles des dénonciations contre elle, c'étaient ses relations avec les guillotinés du 16 germinal.

**

Débats rapides, procès jugé d'avance. Le décret de la Convention avait touché ces têtes.

Les accusés furent tous condamnés à mort. A

trois heures, ils descendirent du tribunal dans la salle basse de l'arrière-greffe où Sanson les attendait pour la toilette. Lugubre spectacle! Sous les mêmes ciseaux tombèrent les boucles blanches des vieux, les boucles blondes des jeunes. Emilie coupa elle-même ses cheveux et les remit (c'est du moins ce que Fleury assure) au directeur de la Conciergerie, disant :

— Tenez, monsieur, j'en fais tort au bourreau (1), mais c'est le seul legs que je puisse laisser à nos amis (2)...

Elle songeait à Elleviou.

Lui-même, l'amant des derniers jours heureux de Sucy, qu'était-il devenu? Où était-il maintenant? Peut-être parmi la foule attendant la sortie des charrettes de la Cour de Mai, guettait-il le dernier regard de la maîtresse d'autrefois?

Silencieuse, Emilie attendait dans la tragique salle le départ. Mme de Sainte-Amaranthe était stupide d'épouvante; Lili pleurait.

Puisque c'est ici qu'il se place, parlons du rôle qu'on attribue à Fouquier-Tinville en cet instant.

« Posté dans la chambre du concierge Richard, écrit M. d'Alméras, en examinant à travers la fenêtre Mme de Sainte-Amaranthe et sa fille, il fut aussi indigné que surpris de leur calme.

(1) Nous avons démontré dans notre volume, *La Guillotine en 1793*, p. 275, que c'était la femme du concierge Richard qui vendait les cheveux des condamnés.

(2) Fleury, *vol. cit.*, p. 253.

— Voyez donc, s'exclama-t-il, comme elles sont effrontées! Il faut, dussé-je manquer mon dîner, que je les accompagne jusqu'à l'échafaud pour voir si elles conserveront ce caractère (1). »

Montgaillard rapporte la même phrase, mais ajoute : « Cette atroce saillie fut proférée au sujet de la princesse de Monaco (2). »

Amaranthe ou Monaco, qu'importe! puisque le mot est assurément apocryphe et fait partie des mille et une lâchetés dont on charge, bien gratuitement et sans preuves, la mémoire blasphémée de Fouquier.

Un contemporain, qui, lui aussi, s'est fait l'écho de l'incident, rapporte la phrase plus brièvement :

— Parbleu, dit Fouquier, voilà une bougresse bien effrontée (3)!

C'est, par un mot, odieux et inutile, réclamer pour Emilie le bénéfice d'une pitié que ses dernières heures lui assurent largement.

Au moment où les condamnés allaient monter dans les charrettes, Fouquier se souvint de l'ordre donné par les Comités, de les revêtir de la chemise rouge des parricides, cette chemise qui avait voilé les épaules de Charlotte Corday et « ajouté une pourpre éclatante à ses couleurs virgi-

---

(1) H. d'Alméras, *vol. cit.*, p. 275.
(2) Comte de Montgaillard, *vol. cit.*, p. 203.
(3) A. J. T. Bonnemain, *Les Chemises Rouges ou Mémoires pour servir à l'histoire du règne des anarchistes ;* Paris, an VII, 2 vol. in-12.

nales (1) ». En hâte, on courut quérir de l'étoffe rouge chez les marchands de nouveautés du quartier. A grands coups de ciseaux on y tailla des loques qu'on noua au col des condamnés, et c'est ainsi parés qu'ils montèrent sur les charrettes.

Une énorme clameur les accueillit.

Cette journée du 29 prairial fut splendide avec son crépuscule incendié de soleil, l'apothéose de la lumière triomphante au beau ciel de juin.

Un appareil de force guerrière imposant entourait les charrettes. Des canons roulaient au-devant du cortège avec leurs servants, mèche allumée à la main. Des cavaliers caracolaient en escadrons au long des voitures où se serraient les condamnés de cette tragique et suprême fournée de la Terreur.

C'est à Cécile Renault, totalement indifférente (2), à Nicole, la femme de chambre de la Grandmaison, et à Emilie qu'allaient tous les regards. Elles étaient là, au long des rugueuses ridelles, tout le charme, toute la grâce et toute la beauté.

Mais ce suprême hommage à ses charmes périssables, ce n'était point cela qu'Emilie cherchait

(1) Charles de Lacretelle, *Testament philosophique et littéraire*, tome II, p. 267.

(2) H. L. M. Desessarts, *Procès fameux jugés depuis la Révolution, contenant le détail des circonstances qui ont accompagné la condamnation des grands criminels et des victimes qui ont péri sur l'échafaud ;* Paris, an VII, in-12.

dans cette foule tour à tour vociférante, silencieuse, tumultueuse ou exaspérée. Ce qu'elle cherchait, c'était le regard d'Elleviou, la présence d'Elleviou.

Brusquement, elle le vit.

Il suivait les charrettes, blême, la sueur de l'angoisse au front, les mains crispées, amant qui précède la maîtresse au lieu du sacrifice.

Lentement, dans les adieux de la lumière déclinante, on approcha de la Barrière du Trône Renversé où, depuis le 25 prairial, fonctionnait la guillotine reculée de la place de la Bastille à ces confins du faubourg. Dans la morne solitude de la plaine, elle s'élevait là, se détachant en angles aigus sur l'horizon de verdure de Vincennes. Sanson et ses aides, au haut du tréteau, attendaient les charrettes.

Vingt-huit minutes suffirent à la terrible chose.

Lili monta avant sa mère, Emilie la suivit.

Admiral se coucha le dernier sur la rouge bascule.

Le soir commençait à descendre.

Les cinquante-quatre corps ruisselants de la fournée furent jetés dans la paille des charrettes, et, lentement, au pas lassé des chevaux, elles remontèrent vers Charonne. Là, rue Saint-Bernard, à l'ombre de l'église Sainte-Marguerite, dans le cimetière où les morts du 14 juillet 1789 avaient été inhumés, une profonde tranchée attendait les corps décapités.

Pêle-mêle, ils y furent jetés, le prince de Rohan-Rochefort et l'épicier Cortey, le concierge Painda-

Acte de décès des dames de Sainte-Amaranthe et des guillotinés du 29 prairial an II.
(*Archives nationales*, série W, carton 389, dossier 904, II, pièce 65.)

voine et le limonadier Michonis, la divine Emilie et la petite Cécile Renault, le sanglant holocauste que de Batz offrait aux mânes royales. La même chaux recouvrit les corps mutilés. On jeta les têtes dans la fosse à moitié comblée, et peut-être celle d'Emilie heurta-t-elle le chef blême de son mari à qui elle accordait, dans la terre trempée, le dernier et premier baiser (1).

(1) Le cimetière Sainte-Marguerite a disparu il y a quelques années. On y a bâti une crèche. Un bâtiment laid et stupide écrase cette terre gorgée des ossements de la Terreur. C'est à un conseiller municipal nationaliste, dont il convient d'oublier et de dédaigner le nom, que nous devons ce sacrilège.

II

Un professeur de débauche : M. le marquis de Sade. — Le roman de la femme dépecée vivante. — L'aventure de la maison close de Marseille. — Satyrographomanie, érotomanie ou folie? — Les prisons du marquis de Sade. — Sous la Terreur. — De *Justine* à *Juliette*. — La morale de l'auteur d'*Aline et Valcour*. — La fin du divin marquis.

La figure du marquis de Sade nous appartient ici. Les filles publiques de la Terreur peuvent se réclamer de ce maître, de ce dilettante de la débauche, de ce Shakespeare de l'érotisme, qui a légué son nom aux siècles en symbole de ce que la dépravation des sens peut imaginer de plus incohérent et de plus licencieux. N'aurait-il même point été mêlé aux événements de la Terreur que, malgré tout, le nom du marquis de Sade s'imposerait ici, tant il est vrai qu'il demeure désormais inséparable de tout ce qui touche à ce cabinet secret-clinique de l'amour.

Certes, c'est bien de lui qu'on peut dire qu'il a inventé un frisson nouveau. A ces aimables romans libertins du XVIII° siècle, dont les héroïnes semblent parées des grâces molles de Fragonard et de la mièvre joliesse de Watteau, à ces productions légères, il a opposé les romans atroces, mélodramatiques et sanguinaires, par lesquels il prétend enseigner à des temps nouveaux des débauches nouvelles.

Rien de plus extravagant à concevoir que ces deux romans *Justine* et *Juliette* (1) qui lui assurent une si solide part d'immortalité. « Romans ennuyeux », a-t-on écrit. Nous ne partageons pas cet avis. Le premier moment d'instinctif dégoût surmonté, on est entraîné par cette imagination éperdue, exaspérée qui invente à chaque page, si-

(1) « Tout ce que l'imagination la plus délirante, la plus obscène et la plus sanguinaire peut rêver de plus monstrueux et de plus révoltant, semble avoir été réuni dans ces deux ouvrages, dont les principes sont en parfaite analogie avec les tableaux, et dont la seule conception doit être considérée comme un attentat contre l'ordre social. » *Galerie historique des contemporains ou nouvelle biographie dans laquelle se trouvent réunis les hommes morts ou vivans, de toutes les nations, qui se sont fait remarquer à la fin du XVIII° siècle et au commencement du XIX°, par leurs écrits, leurs actions, leurs talens, leurs vertus ou leurs crimes* ; 3° édition ; Mons, Le Roux, libraire, 1827 ; tome VIII, art. *de Sade*, p. 126.

non à chaque ligne, des supplices nouveaux, des manières de faire l'amour inédites.

Ce ne sont qu'aventures périlleuses, sanglantes, assassinats, égorgements, estrapades, un énorme fracas de tueries que terminent toujours les débauches et les orgies les plus extraordinaires où les sexes confondus, mêlés, oubliés, tournoient en une ronde effrenée. « Ah! quel infatigable scélérat! » s'écrie le brave Jules Janin qui n'en revient pas et reste confondu de tant d'imagination dans la volupté atroce, de tant de style luxuriant dans la luxure.

On sent, on devine que le divin marquis prend lui-même plaisir aux péripéties de son œuvre, au point que, lorsqu'elles sont superflues, il les fait naître inutilement, ne résistant pas à l'agrément de s'y arrêter pendant une page. Ses héros sont formidables de puissance sexuelle et de cynisme. « Je suis bestialitaire et meurtrier, je ne sors pas de là », dit tranquillement l'un d'eux, l'Almani de *Justine* (1). Partant de ce principe, on peut imaginer les tours qu'accomplit cet Almani. Nous ne l'y suivrons pas.

(1) *La Nouvelle Justine ou les malheurs de la vertu*, ouvrage orné d'un frontispice et de quarante sujets gravés avec soin; en Hollande, 1797; tome III, p. 61.

La première édition de *Justine* parut en 1791, 2 vol. in-8° avec un frontispice de Chery, en Hollande, chez les libraires associés. Il semble presque impossible de dresser la liste de toutes les rééditions qui en furent faites.

Rien cependant, ni dans sa famille, ni dans son éducation, ne prédestinait le marquis de Sade à cette carrière d'érotomane où il devait briller d'un éclat incontesté. Il était de cette race probe et illustre qui avait eu Hugues de Sade, le mari de la belle Laure aimée de Pétrarque, pour chef. Des ancêtres glorieux avaient porté ce blason « de gueules à une étoile d'or chargée d'une aigle de sable becquée et couronnée de gueules », qui fut celui dont le marquis devait sceller ses lettres de Bicêtre et de la Bastille. Cette illustre lignée comptait un évêque de Marseille, Paul de Sade; un premier président de parlement de Provence, Jean de Sade; un grand échanson du pape Benoît XIII, Eléazar de Sade, dont les services rendus à l'empereur Sigismond ajoutèrent l'aigle impériale aux armoiries de la race (1); un premier viguier triennal de Marseille, Pierre de Sade; un évêque de Cavaillon, Jean-Baptiste de Sade; un chevalier de Malte, maréchal de camp, Joseph de Sade; un troisième chef d'escadre, Hippolyte de Sade; un abbé spirituel et aimable écrivain, François-Paul de Sade (2); et tant d'autres, grands

(1) D. A. F. de Sade, *Idée sur les romans*, publiée avec préface, notes et documents inédits, par O. Uzanne; Paris, 1878, in-12, p. XIV.

(2) On doit à François-Paul de Sade, abbé d'Uxeuil, des *Mémoires pour* (et non *sur*, comme l'écrit M. Uzanne) *la vie de François Pétrarque, tirée de ses œuvres et des auteurs contemporains, avec notes, dissertations et pièces justificatives;* Amsterdam, 1767, 3 vol. in-4°.

seigneurs de province, gentilshommes et ambassadeurs qui n'ont laissé à l'avenir que le nom de celui qui, seul, leur devait survivre.

Lui était né à Paris, le 2 juin 1740, dans ce noble et magnifique hôtel des Condé dont, par alliance, il était quelque peu le parent. Ses études, sur lesquelles on sait peu de chose, se firent dans ce collège Louis-le-Grand où Camille Desmoulins et Maximilien de Robespierre devaient nouer une amitié que la politique seule brisa. Il avait là, dit M. Uzanne, « je ne sais quoi de traînant et de caressant dans la parole qui attirait vers lui d'une sympathie invincible et cette tournure bercée sur les hanches, cette grâce mollement féminine qui lui procurèrent, dès l'internat, ces amitiés honteuses sur lesquelles on ne saurait insister (1) ».

On ne saurait plus nettement accuser de Sade, dès son jeune âge, de sodomie. S'il s'en est flatté par la bouche des héros de ses livres, il convient toutefois d'observer que ses hommages publics et connus allèrent surtout aux femmes et que celles-ci seules, à l'exclusion de tous hommes, devaient jouer un rôle prépondérant dans le roman passionnel de sa vie agitée.

De Sade ne s'éternisa pas au collège. Sans que rien ne l'eût encore désigné à l'attention de la justice, ou des amateurs de scandale, il prit service dans les chevau-légers en qualité de sous-lieute-

(1) Préface de l'*Idée sur les Romans*, p. xv.

nant au régiment du Roy. La guerre de Sept Ans le trouva capitaine de cavalerie sur les bords marins où s'était arrêtée la grandeur de Louis XIV. Mais c'étaient d'autres lauriers que ceux de la guerre que le jeune homme méditait de cueillir. Il revint d'autant plus volontiers à Paris que son père venait de lui céder sa charge de lieutenant général de la Haute et Basse-Bresse. Tel il faisait un parti fort convenable. Aussi l'accueillit-on sans déplaisir dans le salon de M. Cordier de Montreuil, seigneur de Launay et président de la Chambre de la Cour des Comptes.

C'est là que le jeune de Sade — il avait vingt-trois ans — fit la rencontre de deux jeunes filles, jolies et piquantes plutôt que belles, désireuses de s'évader de ce milieu un peu austère, à condition que ce fût au bras d'un beau jeune homme. Cet idéal, le marquis de Sade le représentait à merveille. Aussi les deux jeunes filles, Renée-Pélagie, l'aînée, et Louise, la cadette, tombèrent-elles amoureuses de lui. Ce fut l'aînée qu'il épousa, le 17 mai 1763, à l'église Saint-Roch, en réservant son cœur à la cadette. Ni l'un ni l'autre ne devaient l'oublier.

S'il serait exagéré de dire que la nouvelle marquise de Sade fut heureuse, il le serait non moins d'assurer qu'elle fut malheureuse. Dans ce ménage où elle apportait un amour total, absolu, son mari ne faisait preuve que d'une courtoisie aimable, n'oubliant pas que, si ses préférences allaient à la

Le Marquis de Sade, d'après une estampe curieuse de la Restauration.

cadette, il n'avait épousé l'aînée que par la contrainte de Mme de Montreuil, par raison enfin. Ce fut donc une union médiocre, terne, grise; un ménage où la grande flamme de l'amour n'éclaira pas les tendresses et qui ne pouvait accorder à M. de Sade les multiples satisfactions qu'il avait espéré recueillir.

Il le prouva bientôt.

A Arcueil, il avait, comme tous les gens de son monde, une petite maison, une folie, servant à de galants rendez-vous et à d'amoureux badinages. Ce fut, sans doute, un peu plus que cela qu'il y chercha, car des plaintes parvinrent au Châtelet, au lieutenant de police, et on envoya M. de Sade au donjon de Vincennes méditer sur les inconvénients des plaisirs extra-conjugaux.

Cela se passait quelques semaines après son mariage. On voit qu'il n'avait guère perdu de temps.

C'est ici qu'entre en scène sa femme, sa femme méprisée, trahie, abandonnée, mais amoureuse toujours. Ce qu'elle fera pour ce mari indigne en cette occasion, elle le fera toute sa vie jusqu'à l'heure où la Révolution le libérera. Son activité, son dévouement, ses soins, ses démarches, elle les prodiguera sans relâche. « Pour tout le monde, son mari fut un monstre, mais non pour elle, écrit M. Ginisty qui lui a consacré une pénétrante étude. Flétri, condamné, convaincu de vices et de crimes immondes, il demeura, à ses yeux qui ne se voulaient point désiller, l'époux à qui elle devait son affection sans borne (1). » Ce fut donc grâce à elle qu'à la fin de 1763, le marquis de Sade dut d'être relâché. C'est mal le connaître que de le croire un seul instant véritablement reconnaissant, malgré les lettres humiliées, les promesses repentantes qu'il prodigue comme il prodiguera plus tard ses atrocités érotiques. Le voici libre et rien ne lui est plus pressé que de courir à de nouvelles aventures. En la Beauvoisin, gourgandine d'opéra et tenancière de tripot, il trouve une digne acolyte. Que la marquise lui donne un fils, le 27 août 1767, peu importe. Les attraits déjà flétris de la Beauvoisin ont d'autres charmes pour lui, et un an ne s'écoule pas que le marquis de Sade se trouve le héros du premier de ses retentissants scandales.

Un soir de 1768, le 3 avril exactement, le marquis rencontra place des Victoires une femme, « loup à jeun cherchant aventure ». Sans doute, était-il dans de mêmes dispositions d'esprit, mais pour d'autres motifs que la femme qui était pauvre et avait faim, peut-être. Il la décida assez facilement à l'accompagner dans sa petite maison d'Arcueil. Là, que se passa-t-il ? C'est une histoire bien embrouillée à plaisir, bien obscurcie avec trop de facilité. Ayant fait mettre nue cette femme qui se nommait Rose Keller, le marquis l'aurait attachée sur une table de dissection et se serait apprêté

---

(1) Paul Ginisty, *La Marquise de Sade* ; Paris, 1901, *préface*.

à la dépecer vivante. C'est là ce qu'assure Restif de la Bretonne (1), et c'est là précisément ce qui rend le conte suspect pour qui connaît la rivalité des deux grands érotiques. La marquise du Deffant prétend que le marquis *déchiqueta* la femme. La suite de l'aventure prouve que les blessures de Rose Keller étaient moins graves qu'on ne les disait. On peut supposer que de Sade, dont « l'érotisme sanguinaire fut plus virtuel que réel et se manifesta plutôt par des écrits que par des actes (2) », se sera livré devant Rose Keller à une de ces mises en scène, un peu terrifiantes et puériles à la fois, qu'il affectionnait et dont il encombra par la suite jusqu'aux moins libertins de ses romans.

Mais ce qui se lit sans terreur ne se contemple pas toujours sans épouvante, et Rose Keller n'était point habituée à de pareilles émotions. Laissant là ses hardes, nue et échevelée, elle sauta par la fenêtre, hurla, cria et ameuta Arcueil autour de la petite maison du marquis. Ce genre de scandale confine au chantage. Probablement, Rose Keller, enveloppée de ses seuls cheveux, au milieu des paysans goguenards et indignés, en entrevit-elle la possibilité. Ce qui le fait penser, c'est

(1) Restif de la Bretonne, *Les Nuits de Paris ou le spectateur nocturne*, à Londres et à Paris, 1788-1789, 194e nuit.

(2) Docteur Cabanès, *Le Cabinet secret de l'histoire*, tome III, *La Folie du divin marquis*, p. 305.

qu'elle consentit à retirer sa plainte moyennant 2 000 livres. Mais le tapage n'en avait pas moins eu sa répercussion à Paris, et, quoi qu'on en dise, la justice n'était pas toujours boiteuse en ces temps, car deux mois après le scandale d'Arcueil, le Châtelet de Paris condamnait le marquis à 200 livres d'amende au bénéfice des pauvres prisonniers. En même temps, on le transférait à Lyon à la prison de Pierre-Encise.

Une fois encore, la marquise devait abréger la détention de son mari et une fois encore celui-ci devait-il lui réserver, comme après chaque libération, un gage éclatant et public de son ingratitude.

La marquise de Sade.

Après six semaines passées dans la geôle lyonnaise, le marquis retrouvait sa femme et la famille de Montreuil au château de La Coste. Louise, la sœur de la marquise, était là aussi, et en sa présence, de Sade sentit en lui, du fond de son cœur inapaisé, remonter cet amour violent que le mariage avec Renée-Pélagie était venu contrarier et briser cinq ans auparavant. Cette fois, il ne retrouvait plus la jeune fille de seize ans du salon de la rue Neuve-du-Luxembourg, mais une jeune femme dans tout le radieux éclat de ses vingt et un ans. C'était la créature faite pour l'amour et la volupté, admirablement proportionnée, d'un teint pur, aux lèvres un peu fortes qui décèlent tout ce qu'une chair a de passionné, et à qui cette beauté ajoutait un charme tentateur de plus au souvenir de l'amour d'autrefois.

Toujours aveugle, toujours aussi ridiculement mais admirablement illusionnée, la marquise de Sade ne vit ni ne devina le nouveau malheur qui allait s'abattre sur elle.

Un matin, ni sa sœur ni son mari n'apparurent au déjeuner. Un sombre pressentiment la chassa vers les appartements : ils étaient vides.

Le marquis de Sade avait enlevé Mlle Louise de Montreuil. Jamais coup aussi rude ne frappa la pauvre femme.

Au milieu de la nuit, le marquis avait pénétré dans la chambre de sa belle-sœur. Réveillée en sursaut, elle l'avait vu se dresser devant elle, égaré, suppliant. Sans elle, avait-il assuré, il ne pouvait point vivre, elle seule pouvait le retirer du gouffre de perdition où son amour malheureux pour elle l'avait entraîné. Qui sait si la jeune femme ne crut pas aux protestations du merveilleux menteur? Sans doute, elle n'ignorait pas qu'il l'avait préférée jadis à sa sœur, et qu'elle serait aujourd'hui sa femme si Mme de Montreuil n'avait exigé le mariage de l'aînée. Crut-elle son repentir sincère? Nous préférons supposer qu'elle n'avait pas cessé d'aimer ce beau-frère indigne, dont le seul crime avait été d'aimer d'une manière non tolérée par les usages, les mœurs et les lois. Le marquis de Sade n'eut pas à l'implorer longtemps. Debout, elle fut vite vêtue, empressée à rassembler quelques robes, quelques menus objets. Par les couloirs déserts du château endormi, les deux amants se glissèrent. Une berline attendait, au bout de l'allée principale, sur la route. Louise monta la première; le marquis jeta un ordre au cocher et la voiture, au grand galop, partit dans la nuit, gagnant la route d'Italie. Ce n'était pas que l'amour que le divin marquis allait chercher au delà des frontières, mais encore sa sécurité. Il avait jugé plus agréable de gagner celle-ci en compagnie de celle-là.

En effet, en cette année 1772, il était sous le coup d'une grave accusation. S'étant rendu, le 27 juin, dans une maison de prostitution de Marseille, il avait offert aux pensionnaires du lieu des bonbons à la cantharide (1). Nous n'avons pas à

---

(1) Le comte de Montgaillard (*Souvenirs*, p. 73), dit que ces bonbons furent servis dans un bal donné aux dames de Marseille. Il ne dit pas quelles dames, mais nous savons que le marquis n'avait pas poussé l'audace au point d'en régaler des dames de la meilleure société.

en détailler ici les effets (1). Le scandale avait été plus grand encore que celui créé par Rose Keller. Les filles publiques s'étaient, pendant toute la nuit, livrées aux excès tumultueux et érotiques que les bonbons du marquis devaient nécessairement produire. Ayant joui du spectacle, il avait plié bagage et était retourné à La Coste pour attendre la suite des événements.

La condamnation du Grand Châtelet, sa détention à Lyon, tout cela l'avait désormais rendu prudent. Aussi avait-il jugé bon de prendre les devants, et c'est pourquoi la marquise avait à la fois perdu son mari et sa sœur.

Le 3 septembre suivant, le marquis de Sade et le domestique qui l'accompagnait, étaient condamnés à mort. Aussi rigoureuse qu'elle fût, cette sentence ne surprit personne, car, amplifiée, grossie démesurément, exagérée comme le sont toutes les aventures scandaleuses, celle de Marseille avait défrayé toutes les conversations.

Mais c'était bien d'elle que s'inquiétait en ce moment le marquis! Sous la clémence hivernale du beau ciel italien, il promenait alors son amour vainqueur, cette belle Louise de Montreuil, soumise à tous ses désirs, humble devant tous ses caprices, l'aimant comme sa sœur avait aimé l'homme cynique à qui elle s'était abandonnée.

(1) « Les femmes les plus sages n'ont pu résister à la rage utérine qui les travaillait. » Bachaumont, *Mémoires*, 25 juillet 1772.

Elle se trouvait avec lui, en décembre 1772, dans le Piémont quand la police sarde, traquant M. de Sade, l'arrêta à Chambéry. On reconduisit Louise en France où les portes d'un couvent se fermèrent sur elle, tandis que son amant se voyait transféré au château de Miolans. Après l'ivresse de la liberté, il allait connaître la plus sinistre, la plus lugubre des prisons féodales de l'ancienne France. Il y entra, peut-être avec dépit, mais avec l'espérance de la quitter bientôt et pour ce, une nouvelle fois, il s'adressait à sa femme.

La triste créature, si cruellement frappée et trompée, semblait avoir oublié le crime de son mari et la faute de sa sœur. Avec une activité dont elle avait déjà donné des preuves lors des premières incarcérations du marquis, elle se mit à l'œuvre, leva une troupe, organisa l'évasion, et ce avec une telle confiance dans sa réussite, une telle ingéniosité dans les moyens que, dans la nuit du 1er au 2 mai 1775, le marquis de Sade sortait sans difficulté de la terrible prison.

Cette fois, il s'appliqua à se cacher avec soin étant donné qu'il était sous le coup de la condamnation capitale pour l'affaire de Marseille. Mais quelques précautions qu'il prît, il ne put échapper à la surveillance dont étaient l'objet les filles publiques, ordinaires occupations de ses heures de voyage à Paris. Le 14 janvier 1777, on le surprit au lit de l'une d'elles. Séance tenante, on le mit en cabriolet et on le conduisit au donjon de Vincennes. La marquise de Sade se remit en campagne, sollicitant cette fois la revision du jugement par contumace de 1772 (1). L'année suivante, ces sollicitations furent couronnées de succès et la revision ordonnée. Transféré à Aix en juin 1778, de Sade vit le jugement cassé le 30 juin et les griefs retenus contre lui écartés. La peine de mort se transformait en une admonestation, une interdiction de séjour de trois ans à Marseille et une amende de 50 livres. Le jugement n'oubliait qu'une chose : sa liberté. Cette fois encore c'était de sa femme qu'il en devait recevoir le présent. Le procès terminé, les policiers se remirent en route pour Vincennes avec le marquis. Le soir du 5 juillet 1778, arrivés à Lambesc, aux environs d'Aix, tandis que ses gardiens dînaient, le marquis dis-

(1) Voici une des lettres qu'elle adressait pour cet objet au comte de Vergennes :

Monsieur,

« L'excès des malheurs dont je suis accablée ne me permets pas de me présenter à vos yeux; c'est de ma retraite profonde que j'ose implorer et attendre avec confience de vos bontés et de votre justice la réhabilitation de l'honneur de mon mari et de mes enfants, si injustement flétri par un jugement dont nous sollicitons aujourd'hui aux pieds du throsne l'anéantissement.

« J'ai l'honneur d'être très respectueusement, Monsieur, votre très humble et très obéissante servante.

« Cordier de Montreuil, marquise de Sade. »

A Paris, le 23 septembre ; au monastère des Carmélites, rue d'Enfer.

paraissait. Tout avait été préparé par la marquise pour le cacher. Il demeura introuvable jusqu'en avril 1779. A ce moment, il retomba aux mains des policiers qui, plus prudents, l'amenèrent à Vincennes où la surveillance devait rendre impossible toute évasion.

Comme aucun incident particulièrement remarquable ne troubla ces longues années d'emprisonnement, nous pouvons nous demander dans laquelle de ces trois catégories, satyrographomanie, érotomanie ou folie, on peut classer le divin marquis.

Avec le docteur Cabanès (1), nous n'hésitons pas à lui reconnaître la première de ces désignations. Il est hors de doute que, quoique enfermé comme fou, le marquis de Sade ne le fut guère, ne le fut jamais. Tout, au contraire, plaide en faveur de sa pleine raison, de sa vive intelligence. *Justine*, c'est l'œuvre d'un satyrographe et non d'un dément ; *Juliette* est due à une plume folle d'érotisme, mais folle que de cela. Sans les prisons du marquis, nous n'aurions jamais été dotés de ces livres, les aventures de la liberté lui plaisant davantage que la littérature de la captivité. En elle, il déversa le trop-plein de son activité luxurieuse, ce fut le dérivatif nécessaire à ses longs et mortels loisirs. Ce n'est pas impudemment qu'un homme compte les jours, les semaines, les mois, les années sans

(1) Docteur Cabanès, *ouvr. cit.*, tome III, p. 306.

savoir quand les portes de la geôle s'ouvriront pour lui. Aussi, le caractère du marquis de Sade, naturellement susceptible, exigeant, s'aigrit-il au point de lui faire commettre à l'égard de son admirable et pauvre femme les plus cruelles injustices. Tandis qu'il rédigeait les aventures épouvantables de ses héros, elle s'ingéniait à satisfaire ses moindres désirs, à lui envoyer ces mille petites choses chères à l'homme isolé, livres, liqueurs, pâtisseries. Il la remerciait à peine, punissant ce merveilleux dévouement par de longs silences. « Ton silence me tue, lui écrivait-elle, il n'est sorte de chose que je me fourre dans la tête. » Et de sa belle écriture volontaire et impérieuse, il écrivait en marge de la tendre missive : « Et moi dans le c... (1) » Elle, cependant, pitoyable Antigone ployée et inclinée devant cet effroyable Œdipe de la débauche, se multipliait, associait son amie, Mlle de Rousset, à son dévouement déconcertant.

Cette Mlle de Rousset était une Méridionale vive et spirituelle. Elle seule osait tenir tête au terrible marquis, mais en plaisantant, et lui faire remarquer l'indignité de ses reproches à l'égard de sa femme. Il se piqua au jeu, répondit et une longue correspondance s'engagea. M. Ginisty en a publié de nombreux extraits. Elle est édifiante. Du fond de son cachot, M. de Sade avait trouvé le moyen de trahir une fois encore sa femme. Elle ne tarda

(1) Lettre du 9 septembre 1779, reproduite par P. Ginisty, *vol. cité*, p. 61.

La suave Emilie sur la charrette.

pas à s'en apercevoir, resta confondue en reconnaissant sa rivale dans son amie, et, forte et décidée pour la première fois, lui ferma sa porte.

Le 29 février 1784, M. de Sade fut transféré à la Bastille. Il y écrivit son fameux roman *Aline et Valcour* (1), recevant les visites de sa femme avec une sorte de rancune méchante, mais accueillant mieux ses envois, comme celui du 24 mai où elle lui adressa une paire de draps, dix-neuf cahiers de papier, une demi-livre de pâte de guimauve, une bouteille d'encre, une bouteille d'orgeat, une boîte de pastilles de chocolat (1). Il consommait d'ailleurs énormément de papier, car douze jours plus tard, avec six coiffes de bonnet et des volumes, sa femme lui adressait encore

---

(1) « *Aline et Valcour ou le roman philosophique, écrit à la Bastille un an avant la Révolution*, par le citoyen S...; Paris, Girouard, libraire, 1793; 8 vol. petit in-12°, et Paris, Maradan, 1795, 8 parties in-18°, avec figures et le frontispice renouvelé. On nous dit avoir vu des exemplaires sous la même date publiés par Mme veuve Girouard, sous le nom du citoyen Sade, et précédés d'une épigraphe de sept vers latins empruntés à Lucrèce. Il parut plus tard deux copies abrégées d'*Aline et Valcour* sous les titres de *Valmor et Lydia ou Voyage autour du monde de deux amants qui se cherchent*; Paris, Pigoreau ou Leroux, an VII, 3 vol. in-12°; et *Alzonde et Karadin*; Paris, Cercoux et Moutardier, 1799, 2 vol. in-18°. » O. Uzanne, *vol. cit.*, pp. XXXV, XXXVI.

(2) *Répertoire ou Journalier du Château de la Bastille à commencer le mercredi 15 mai 1782*; publié par feu M. Alfred Begis, 1880.

Une lettre de la marquise de Sade avec des annotations
manuscrites du divin marquis.

(Archives de l'Arsenal.)

vingt et un cahiers de papier réglé, — le papier de *Justine!* — six grosses plumes taillées et six plumes de coq.

M. de Sade resta près de six ans à la Bastille. Ayant tenté un jour, du haut de la plate-forme de la tour où il se promenait, d'ameuter les passants, il fut transféré dans la nuit du 3 au 4 juillet 1789 à l'hospice de Charenton. Dix jours plus tard, la Bastille était prise. L'incartade de mai valut au marquis de rester un an de plus prisonnier. Ce ne fut, en effet, qu'en mars 1790, que la Constituante rendit son décret sur les détenus par lettres de cachet. Le 23 mars, M. de Sade sortit de prison et, le 9 juin suivant, pour récompenser sa femme de son amour et de sa fidélité, il divorçait.

C'était une autre société que le marquis retrouvait en sortant de prison. Les gens de son monde avaient passé la frontière, et les filles d'opéra ne se lamentaient pas qu'en chansons sur leur départ :

> Adieu donc mon équipage,
> Mes bijoux, mon étalage ;

> Plus d'abbés ni de marquis,
> Leur peine, hélas ! me désole,
> Mais un danseur me console,
> Et nuit et jour je lui dis :
> Eh zic, et zic, et zoc,
> Et fric, et fric, et froc,
> Quand les bœufs vont deux à deux
> Le labourage en va mieux (1).

Le marquis, avant tout, avait le souci de sa liberté. D'autre part, l'ancien régime avait fait assez en sa défaveur pour le trouver au premier rang des ennemis de la monarchie. Tout en répudiant son titre de marquis pour prendre celui de citoyen Sade, il s'occupait de faire jouer les pièces qu'il composa à la Bastille. En novembre 1791, le Théâtre Molière donnait un drame en trois actes de lui : *Oxtiern ou les malheurs du libertinage*, et faisait heureusement augurer du succès qui ne manquerait pas d'accueillir sa comédie en cinq actes en vers : *Le Misanthrope par amour ou Sophie et Desfrancs*, reçue à l'unanimité, en 1790, à la Comédie-Française.

Mais il avait à faire expier à la royauté abattue ses longues années de prison, et la politique lui fournit le moyen de déclamer contre les « tyrans et leurs suppôts ». La section des Piques (ancien quartier de Vendôme) l'avait élu comme secrétaire, et il s'y montrait parmi les non moins fougueux. Quand, au lendemain de l'assassinat de Marat, on

(1) *Actes des Apôtres*, n° 65.

plaça au bureau du Comité de la section le buste de l'Ami du Peuple tombé sous le couteau de la fille Corday, le citoyen de Sade l'orna d'un quatrain de sa façon :

> Du vrai républicain unique et chère idole,
> De ta perte, Marat, ton image console.
> Qui chérit un si grand homme adopte ses vertus.
> Les cendres de Scévole ont fait naître Brutus (1).

Il rédigeait, en outre, des pétitions, des réclamations, des motions, tout en tenant un certain train de maison.

Il habitait alors un fort bel appartement rue Neuve-des-Mathurins (2), n° 871, qu'il quitta pour la rue du Pot-de-Fer-Saint-Sulpice, où une femme inconnue et sur laquelle on manque de renseignements cohabitait avec lui. Il la nommait Justine dans l'intimité.

Vers la fin de l'an II, le 6 décembre 1793, cette vie, en somme tranquille, fut troublée. Pour un motif encore mal connu, le citoyen Sade était devenu suspect. On l'enferma aux Madelonnettes (3)

(1) Publié par Taschereau, *La Détention du marquis de Sade ; Revue Rétrospective*, tome I, 1833, p. 257 *(note)*.

(2) C'est l'adresse que donne une lettre du 16 mars 1793 adressée aux Comédiens Français et conservée aujourd'hui dans les archives de la Comédie-Française.

(3) En 1866, pour le percement de la rue Turbigo, cette prison, située rue des Fontaines, n° 12, fut démolie. Cette prison était autrefois le couvent de la Madeleine. Ch. Virmaître, *vol. cit.*, p. 284.

qu'il quitta bientôt pour les Carmes et la prison de Picpus. Cette fois, la détention fut courte. On le trouve libéré en octobre 1794, et pendant sept ans, il jouira, pour la dernière fois, du plus long laps de temps de liberté. Le 5 mars 1801 devait en marquer le dernier jour.

Le marquis de Sade s'était avisé de raconter, à sa manière, la fortune de quelques personnages de la Révolution haussés au premier rang des grands fonctionnaires pendant le Consulat. Il n'avait su résister au désir de persifler les hommes du jour qui en étaient aussi les puissants. Un roman s'était chargé d'exprimer ses idées à cet égard. Ce fut *Zoloé et ses deux acolythes* (1). Joséphine, sous le nom de Zoloé, en était la principale héroïne. Le portrait qu'il en traçait avait, au moins, le mérite de la ressemblance si les aventures manquaient, elles, de vraisemblance : « Zoloé a l'Amérique

(1) « *Zoloé et ses deux acolythes ou quelques décades de la vie de trois jolies femmes ; histoire véritable du siècle dernier par un contemporain ;* à Turin (Paris), chez tous les marchands de nouveautés; de l'imprimerie de l'auteur, thermidor an VIII, in-12, frontispice gravé non signé. Cet ouvrage satirique et obscène est dirigé contre Joséphine de Beauharnais, épouse de Bonaparte, et Mmes Tallien et Visconti. Le frontispice représente ces trois héroïnes... Ce fut sur le rapport qu'on lui fit de ce libelle que Bonaparte, premier Consul, donna l'ordre d'enfermer à jamais, comme fou furieux, le citoyen Sade à Charenton. » O. Uzanne, *vol. cit.*, pp. XXXVII, XXXVIII.

pour origine (1), disait-il. Sur les limites de la quarantaine, elle n'en a pas moins la prétention de plaire comme à vingt-cinq. » Et il signalait, ce que les événements ont si bien prouvé depuis, « l'ardeur la plus vive pour les plaisirs », et son « avidité d'usurier pour l'argent ». A côté d'elle, M⁽ᵐᵉ⁾ Tallien — Laureda dans la circonstance, — se voyait caractérisée dans une phrase : « Elle est tout feu et tout amour. » De cette découverte, le marquis de Sade n'avait pas tout le mérite. Les déportements amoureux de la fille Cabarrus n'avaient-ils pas fait la joie de la chronique scandaleuse ? La troisième acolyte était cette M⁽ᵐᵉ⁾ Visconti dont Berthier, le futur prince de Wagram, devait faire sa maîtresse après lui avoir élevé un autel garni de son portrait, pendant la campagne d'Egypte, sous sa tente militaire (2). Pour le mar-

(1) « Je suis Américaine... » écrivait Joséphine, alors épouse d'Alexandre de Beauharnais, dans une lettre à Vadier, président du Comité de Sûreté générale sous la Terreur, en faveur de son mari (28 nivôse an II-17 janvier 1794). Nous avons publié cette lettre *in extenso* dans notre volume, *Anecdotes secrètes de la Terreur*.

(2) Sur cette liaison de M⁽ᵐᵉ⁾ Visconti, femme de l'ambassadeur de la République cisalpine, M⁽ᵐᵉ⁾ d'Abrantès donne de curieux détails. Elle écrit de cette femme du grand demi-monde de l'époque : « Elle avait des traits délicats, mais réguliers ; un nez surtout qui était bien le plus joli des nez. Il était légèrement aquilin et cependant un peu relevé à son extrémité, où l'on distinguait une fente presque imperceptible. Ses narines mouvantes donnaient en même temps au sourire de M⁽ᵐᵉ⁾ Visconti

quis de Sade, Mme Visconti s'appelait Volsange, Barras devenait Sabar, et Bonaparte d'Orsec. C'était là s'attaquer à qui n'entendait guère la plaisanterie. Bonaparte, en ce temps, aimait encore la créole qui devait en faire un mari trompé outrageusement. Aussi ne permettait-il point que l'on touchât à l'objet de son encore neuve idôlatrie.

Le 5 mars 1801, le marquis fut arrêté. Il ne lui servait de rien d'avoir appelé Bonaparte, dans *Zoloé*, « le soleil de la patrie » et le « héros sauveur de la France (1) ». Le héros sauveur l'expédiait à Sainte-Pélagie et de là à Bicêtre qu'il ne quitta, le 26 avril 1803, que pour Charenton (2).

une finesse impossible à peindre. Elle avait d'ailleurs des dents rangées comme des petites perles, et ses cheveux très noirs, parfaitement relevés dans le goût antique le plus pur... Mme Visconti se mettait bien. Elle avait eu, comme les femmes élégantes de cette époque, le bon esprit de ne prendre des modes grecques et romaines que ce qui était *seyant* et *séant*... Ce pauvre Berthier en était tellement *affollé*, dans ce temps là, qu'il en perdait le boire, le manger et le dormir... Berthier était parti désespéré pour l'Egypte...à genoux, devant le portrait de sa divinité, il pleurait... » *Mémoires de Madame la duchesse d'Abrantès ;* Paris, 1835, tome II, pp. 55, 56, 57.

(1) *Idée sur les romans*, réédition de 1878, p. 30.

(2) L'auteur de la note sur le marquis de Sade, dans la *Galerie historique*, tome VIII, p. 126, après avoir conté qu'il y recevait beaucoup de visites, explique ainsi ce transfert : « Certaines visites inspiraient de la défiance, et bientôt après la police de Paris acquit la certitude, par une visite ordonnée dans sa chambre à la suite de déclarations faites par quelques-unes des personnes

C'est de ces derniers lieux de détention que partirent, nombreuses, incessantes, pourrait-on dire, ses protestations contre la paternité de *Justine*, « dont il n'était pas fâché au fond qu'on sût qu'il était l'auteur (1) », assure un contemporain. Quoi qu'il en soit, nous ne pouvons qu'enregistrer ses démentis et rester sceptique quant à leur véracité.

La Collection Gustave Bord, vendue en 1906 (2), contenait deux de ces lettres de protestation, l'une datée de Versailles, 24 fructidor an VII, l'autre du 20 fructidor, vraisemblablement an VIII ou IX. Dans cette dernière, il s'étonnait que M. de Quenet avait pu promettre de sa part un exemplaire de *Justine*. Déconseillant à son correspondant de lire ce très mauvais livre, il ajoutait : « Il fait

qui avaient obtenu l'autorisation de venir le voir, que joignant l'exemple au précepte, cet homme exécrable se livrait, au fond de sa prison, sur les malheureuses qui se sacrifiaient à lui, à prix d'or, aux monstrueuses et sanguinaires débauches qu'il avait décrites dans ses ouvrages. On trouva les instruments de ses crimes dans les matelas et le paillasses de son lit, encore tachés de sang. L'ordre fut donné le même jour de le transférer à Bicêtre. » Cette dernière phrase contient une erreur. C'est de Bicêtre que le marquis de Sade fut transféré à Charenton. Quant au fait des instruments de torture trouvés sous son lit, aucun document de l'époque ne le confirme.

(1) *Galerie historique, vol. cit.*, p. 126.
(2) *Catalogue d'autographes N. Charavay, mai 1906.* La 1re lettre est portée sous le n° 196, la seconde sous le n° 186.

frémir et si j'avais eu dans un moment de délire le malheur de le créer, j'aurais assez de raison aujourd'hui pour couper la main qui l'aurait écrite. » Précédemment encore, dans une lettre du 24 fructidor an III (17 septembre 1795 (1), il protestait non moins véhémentement : « Il circule dans Paris, écrivait-il, un ouvrage informe ayant pour titre *Justine ou les malheurs de la vertu;* plus de deux ans auparavant, j'avais fait paraître un roman de moi intitulé *Aline et Valcour ou le Roman philosophique.* Malheureusement pour moi, il a plu à l'exécrable auteur de *Justine* de me voler une situation, mais qu'il a obscénisée, luxuriosée de la plus dégoûtante manière. Il n'en a pas fallu davantage pour faire dire à mes ennemis que ces deux ouvrages m'appartenaient. »

Les ennemis du divin marquis avaient-ils tort ?

En l'an VIII, nouvelle protestation, mais cette fois solennelle et publique, placée en tête des *Crimes de l'Amour* (2). C'était la défense dédaigneuse et méprisante : « Qu'on ne m'attribue donc plus... le roman de *J*..., jamais je n'ai fait de tels ouvrages, et je n'en ferai sûrement jamais, il n'y a

(1) Lettre inédite du marquis de Sade, collection de M. Font... vendue en 1861, signalée par M. O. Uzanne, *vol. cit.*, pp. XXIX, XXX.

(2) *Les Crimes de l'amour ou le délire des passions; nouvelles héroïques et tragiques, précédé d'une idée sur les romans et orné de gravures*, par D. A. F. Sade, auteur d'*Aline et Valcour;* Paris, chez Massé, an VIII, 2 vol. in-8°.

que des imbéciles ou des méchans qui, malgré l'authenticité de mes dénégations, puissent me soup-

LA NOUVELLE

JUSTINE,

OU

LES MALHEURS

DE LA VERTU,

Ouvrage orné d'un Frontispice et de quarante Sujets gravés avec soin.

On n'est point criminel pour faire la peinture
Des bizarres penchans qu'inspire la nature.

TOME TROISIÈME.

EN HOLLANDE,

1797.

çonner ou m'accuser encore d'en être l'auteur, et le plus souverain mépris sera désormais la seule arme avec laquelle je combattrai leurs calomnies. » Plus tard, détenu pour *Zoloé*, il se défendait encore de *Justine*, écrivant au ministre de la justice : « On m'accuse d'être l'auteur du livre infâme de *Justine*. L'accusation est fausse, je vous le jure au nom de tout ce que j'ai de plus sacré (1). »

Mais qu'avait-il de sacré, lui, qui, dans sa femme, avait craché sur tout ce que le cœur avait de noble et de grand, sur tout ce qui témoignait de la plus rare vertu ?

Et pourtant, on le devine presque sincère, croyant à son apostolat contre la débauche. Par ses tableaux immondes, ses descriptions effrénées, il prétendait ramener les hommes au respect de la vertu par dégoût du vice.

> On n'est point criminel pour faire la peinture
> Des bizarres penchants qu'inspire la nature,

déclare l'épigraphe de *Justine*, et la dédicace explique : « Après avoir lu *Justine*, en un mot, diras-tu (il s'adresse à la nommée *Constance* à qui le livre est dédié), diras-tu : « Oh ! combien ces « tableaux du crime me rendent fière d'aimer la « vertu ! Comme elle est sublime dans ses larmes ! « Comme les malheurs l'embellissent ! » O Constance, que ces mots t'échappent et mes travaux seront couronnés ! » C'est la même théorie que celle qui se retrouve dans l'*Idée sur les Romans* :

Ce n'est pas toujours en faisant triompher la vertu

(1) *Sade, homme de lettres, au ministre de la justice ;* Pélagie, ce 30 floréal an X ; publié par Taschereau, *Revue Rétrospective*, tome I, 1833, pp. 256, 257.

qu'on intéresse... il faut y tendre bien certainement autant qu'on le peut... car lorsque la vertu triomphe, les choses étant ce qu'elles doivent être, nos larmes sont taries avant que de couler; mais si, après les plus rudes épreuves, nous voyons enfin la vertu terrassée par le vice, indispensablement nos âmes se déchirent et l'ouvrage nous ayant excessivement émus, ayant, comme disait Diderot, *ensanglanté nos cœurs au revers*, doit indubitablement produire l'intérêt, qui seul assure les lauriers.

Autographe du marquis de Sade.

C'est pour l'amour de ces lauriers que la vertueuse Justine subit mille avanies, c'est pour cela encore que la libertine et effrontée Juliette est l'exemple vivant de la prospérité du vice.

Mais si on reproche à de Sade ces effroyables

aventures, surtout si on lui reproche de les avoir exagérées, il risposte :

> Mes pinceaux, dit-on, sont trop forts, je prête au vice des traits trop odieux ; en veut-on savoir la raison ? Je ne veux pas faire aimer le vice ; je n'ai pas, comme Crébillon et comme Dorat, le dangereux projet de faire adorer aux femmes, les personnages qui les trompent, je veux, au contraire, qu'elles les détestent ; c'est le seul moyen qui puisse les empêcher d'en être dupes, et pour y réussir, j'ai rendu ceux de mes héros qui suivent la carrière du vice, tellement effroyables, qu'ils n'inspireront bien sûrement ni pitié ni amour ; en cela, j'ose le dire, je deviens plus moral que ceux qui se croyent permis de les embellir.

Cela, c'est l'excuse des égorgements, des viols, des incestes, des empoisonnements, des tortures, des estrapades, des meurtres les plus divers, des crimes les plus odieux, les moins compréhensibles et les plus déconcertants, cela enfin, c'est toute la morale du divin marquis.

* * *

La vie de M. de Sade à Charenton était charmante. Il faisait des pièces et les faisait jouer par les pensionnaires de l'établissement, sur un petit théâtre que le directeur lui avait fait bâtir. Ce beau vieillard, aux cheveux bien blancs et parfaitement conservés, « à la coëffure très soignée (1) », n'avait rien abdiqué de ses prétentions littéraires et philosophiques, et, du ton le plus calme et le plus

(1) *Galerie historique*, vol. cit., p. 126.

convaincu, il « professait des maximes dont l'échafaud fut toujours la juste et inévitable conséquence (1) ».

Il avait le visage toujours coloré d'un rouge vif et son élégance était là ce qu'elle était autrefois dans le monde quand le beau marquis de Sade entraînait, sans peine, ses conquêtes un peu résistantes, pour la forme, vers sa *folie* d'Arcueil.

Huit années avant de mourir, il avait rédigé un testament des plus curieux, empreint de ce genre de philosophie toujours un peu déconcertante qui fut la sienne. Il recommandait :

Je défends que mon corps soit ouvert sous quelque prétexte que ce puisse être. Je demande avec la plus vive instance qu'il soit gardé quarante-huit heures dans la chambre où je décéderai, placé dans une bière de bois qui ne sera clouée qu'au bout des quarante-huit heures prescrites ci-dessus, à l'expiration desquelles ladite bière sera clouée ; pendant cet intervalle il sera envoyé un exprès au sieur Lenormand, marchand de bois, boulevard de l'Egalité, n° 101, à Versailles, pour le prier de venir lui-même, suivi d'une charrette, chercher mon corps pour être transporté, sous son escorte, au bois de ma terre de la Malmaison, commune de Mancé, près d'Epernon, où je veux qu'il soit placé, sans aucune espèce de cérémonie, dans le premier taillis fourré qui se trouve à droite dans le dit bois, en y entrant du côté de l'ancien château par la grande allée qui le partage. La fosse sera pratiquée dans ce taillis par le fermier de la Malmaison, sous l'inspection de M. Lenormand, qui ne quittera mon corps qu'après l'avoir placé dans la dite fosse ; il pourra se faire accompagner dans cette cérémonie, s'il le veut,

(1) *Galerie historique*, vol. cité. p. 126.

par ceux de mes parents ou amis, qui, sans aucune espèce d'appareil, auront bien voulu me donner cette dernière marque d'attachement. La fosse une fois recouverte, il sera semé dessus des glands, afin que par la suite, le terrain de la dite fosse se trouvant regarni et le taillis se trouvant fourré comme il l'était auparavant, les traces de ma tombe disparaissent de dessus la surface de la terre, comme je me flatte que ma mémoire s'effacera de l'esprit des hommes.

Fait à Charenton-Saint-Maurice, en état de raison et de santé, le 30 janvier 1806.

Signé :

D. A. F. SADE (1).

Malgré le désir qu'il en avait exprimé, le marquis fut clandestinement autopsié. On trouva dans son crâne les « organes de la tendresse maternelle et de l'amour des enfants aussi saillants que sur la tête d'Héloïse, ce modèle de tendresse et d'amour (2) ». C'est ce que sa vie n'avait guère fait soupçonner. Il mourut le 2 décembre 1814, âgé de soixante-quatorze ans. Ses funérailles furent simples; elles ne coûtèrent que 65 livres (3).

(1) Publié par Jules Janin, *Le Livre ;* Paris, 1870, in-8°, p. 291 ; reproduit par O. Uzanne, *vol. cit.*, pp. XXIII, XXIV, XXV.

(2) *Ibid.*

(3) Pour le cercueil : 10 livres; pour la fosse, 6 livres; pour les porteurs : 8 livres; pour l'aumônier : 6 livres; pour les cierges : 9 livres; pour la chapelle : 6 livres; pour la croix de pierre sur la tombe : 20 livres. — *Archives de l'hospice de Charenton,* publié par le docteur Cabanès, *vol. cit.*, p. 366.

Appendice

LES SCANDALES AU PALAIS DE JUSTICE
SOUS LA TERREUR

Nous avons, dans le chapitre Ier de ce livre, parlé de l'envahissement du Palais de justice par les filles publiques, les filous et de moins recommandables citoyens. Mais les rapports des observateurs de police ne signalaient que des incidents, des faits isolés, quelques scandales dont ils avaient, personnellement, été témoins. Sur l'état général du Palais, sur sa physionomie particulière et intime, nous avons un autre document d'un intérêt bien plus considérable en cette matière. C'est la plainte adressée au ministre de la justice par les membres du Comité civil et de police de la Section Révolutionnaire. Mais, outre les scandales qu'elle signale, cette pièce demeure surtout curieuse par le règlement de police qu'elle propose et qui exclut, à la fois, du Palais, les chiens (« ou autres quadrupèdes »), les filles publiques et les bonnes d'enfants.

Nous donnons *in extenso* ce document inédit qui éclaire si singulièrement ce dessous de la vie publique de la Terreur et cet à-côté de la vie judiciaire.

SECTION RÉVOLUTIONNAIRE

Les membres du Comité civil et de police au ministre de la Justice.

Citoïen,

La section révolutionnaire est plus qu'aucune autre affectée des abus et du défaut d'ordre qui règne dans l'intérieur du palais de justice. Ce temple qui mérite à tous égards beaucoup plus de respect que les temples consacrés jadis à la superstition et au fanatisme est devenu un lieu de débauche et de prostitution. Dans tous les coins, on ne rougit pas de satisfaire aux besoins pressants de la nature, et les malpropretés qui en résultent nuisent considérablement à la salubrité de l'air qu'on y respire, et ne pourraient qu'occasionner une peste si l'on n'y remédiait avant le tems de la chaleur. A chaque instant, à chaque minute, des filles perdues y trafiquent publiquement le crime des enfans de tout âge qu'elles y attirent, y font perpétuellement un tapage tel que l'on ne conçoit pas comment l'on peut s'entendre dans les tribunaux. Beaucoup de boutiques qui étaient jadis occupées restent vacantes et les salles sont remplies de marchands de comestibles qui s'introduisent même jusques dans le local des séances de nos tribunaux. On empêchait autrefois les chiens d'y pénétrer et maintenant ces

Section Révolutionnaire

Les membres du comité civil et de police
au ministre de la justice.

Citoyen,

La Section Révolutionnaire est plus qu'aucune
autre affectée des abus et du défaut d'ordre qui
règne dans l'intérieur du palais de justice. Ce temple
qui mérite à tous égards beaucoup plus de respect
que les temples consacrés jadis à la superstition
et au fanatisme, est devenu un lieu de débauche et
de prostitution. Dans tous les coins, on ne rougit
pas de satisfaire aux besoins pressants de la nature,
et les malpropretés qui en résultent nuisent considérablement à la salubrité de l'air qu'on y
respire, et ne pourraient qu'occasionner une peste
si l'on n'y remédiait avant le tems de la chaleur.
A chaque instant, à chaque minute, des filles
perdues, y trafiquent publiquement le crime des
enfans de tout âge qu'elles y attirent, y font
perpétuellement un tapage tel que l'on ne
conçoit pas comment l'on peut s'entendre
dans les tribunaux. Beaucoup de boutiques
qui étaient jadis occupées restent vacantes,
et les salles sont remplies de marchands de
comestibles qui s'introduisent même jusques
dans le local des séances de nos tribunaux.
On empêchait autrefois les chiens d'y pénétrer
et maintenant ces animaux y sont en quantité
et ne font pas ce qui contribue le moins à la
saleté. La Section Révolutionnaire a fait tout ce

La première page de la plainte de la *Section
Révolutionnaire* au ministre de la justice.
(Archives Nationales.)

animaux y sont en quantité et ne sont pas ce qui contribue le moins à le salir.

La section révolutionnaire a fait tout ce qui était en elle pour réprimer tous ces abus et n'a pu y réussir. Elle n'a même pu savoir qui était chargé du nétoyement de l'intérieur du palais, et s'il y avait des fonds destinés à cet objet. Tout ce qu'elle a pu apprendre d'un particulier qui en était chargé autrefois, c'est qu'il lui était dû une somme assez considérable qu'il avait avancée pour cet objet, et que ne voyant pas jour à se faire rembourser, il avait cessé pendant quelque temps ses fonctions, qu'il a cependant repris d'après l'invitation du Comité.

D'après la considération de tous ces abus, le Comité civil chargé par la section révolutionnaire de prendre tous les moyens possibles pour rétablir l'ordre, la décence et la propreté dans le temple de la Justice, et y maintenir le respect et le recueillement que tout Républicain doit apporter dans un lieu aussi sacré, te soumet le projet de règlement suivant, qu'il te prie de prendre en considération, et d'employer tous les moyens qui sont en ton pouvoir pour lui donner force de loi.

RÈGLEMENT DE POLICE
pour
l'intérieur du Temple de la Justice.

1º Défense de faire ni de jetter aucune ordure dans l'intérieur des salles du palais sous peine de vingt quatre heures de détention. (*Inscription portant cette défense partout où besoin sera.*)

2º Défense sous la même peine à qui que ce soit d'y jouer ou d'y polissonner.

3º Toute fille publique qui s'y trouvera sera sur le champ mise en arrestation et conduite au commissaire de police de la section qui sera tenu de mettre à exécution les arrêtés de la commune qui leur sont relatifs.

4º Défense à toute bonne d'enfant et aux mères de s'y

promener avec leurs enfants, du moins dans les salles qui servent d'entrée aux tribunaux.

5° Défense de laisser entrer aucun chien ou autres quadrupèdes quelconques (*à cet effet au lieu de huit entrées qui donnent dans les bâtiments du palais lesquelles sont continuellement ouvertes, il serait possible d'en restreindre le nombre à deux ou trois où l'on poserait des factionnaires*).

6° Défense à tout marchand de comestibles et autres denrées quelconques de s'y établir à moins que ce ne soit dans les boutiques qu'ils y peuvent louer (*indiquer à qui s'adresser pour ces locations*).

7° Le citoyen chargé du nétoyement des salles du palais sera responsable des malpropretés qui s'y trouveront, et sera cité devant l'autorité qui doit en connaître quand un procès-verbal constatera le fait résultant de sa négligence ou du défaut de balayage. (*Il faut pour ce, charger un citoïen de ce nétoyement et lui allouer des fonds convenables. Il faut que ce citoïen nétoie deux ou trois fois par jour les lieux d'aisance qui sont d'une malpropreté à faire lever le cœur. Il faut enfin rembourser les dépenses qui sont dues pour cet objet.*)

8° Enfin le présent règlement sera imprimé et affiché partout où besoin sera avec invitation très formelle à tous les citoïens bien intentionnés de veiller eux-mêmes à son exécution; et en seront spécialement chargées les autorités constituées de la section pour y tenir strictement la main.

Paris, ce onze pluviôse 2ᵉ de la République.

Les membres du Comité civil.

Cachet du Comité.

ANCEAUX, *président.*

J. STERKY, *secrétaire greffier.*

Archives nationales,
série W, carton 135, pièce 60.

Table des Matières

Avant-Propos. 7

LIVRE I
La Vénus des Carrefours

I. — Les citoyennes « férosses ». — Le singulier gendarme du Tribunal révolutionnaire. — Longchamps en 1793. — « Grande conspiration des femmes à la Salpêtrière! » — Repopulation et union libre . . . 13

II. — La répression de la prostitution sous l'ancien régime. — Les remèdes du Pornographe et de l'Ami des mœurs. — Exploits et hauts faits du trottoir. — Une conclusion de Restif de la Bretonne. 42

III. — Les ci-devant poissardes. — Inconvénients de l'égalité. — Du rôle de la pipe dans les outrages au « beau sexe ». — Nouvelle manière de réprimander les acteurs coupables. — Procureuses, satyres et fruits verts 64

IV. — Le citoyen « Alphonse ». — Les individus qui paraissent « déterminés ». — Une aventure nocturne à l'hôtel de Bourgogne. — Les filous autour de la guillotine. — Où on propose une mesure radicale. — Le culte de la dive bouteille. 79

V. Court chapitre consacré aux agréments nocturnes. 96

LIVRE II
Le Palais-Égalité ou le Jardin des Plaisirs

I. — Du grand cardinal au prince régicide. — Palais, cirque, boutique, club. — La manifestation du roquet travesti. — Au soleil du 14 juillet. — « Attention! il y a des filles et des filous ou avis à nos frères des départements! ». 103

II. — Le jardin-lupanar. — Nymphes, odalisques et dames du monde. — Quatres femmes pour cinq livres! — De Sodome à Cythère. — L'allée des Soupirs. — Les rafles. — Du rôle de la politique dans la prostitution. 122

TABLE DES MATIÈRES

III. — Les modes féminines au Palais-Égalité. — Le prospectus de la citoyenne Lisfrand. — De l'agrément que peut offrir pour un galant pressé la « redingotte à la Thessalie ». — Les boucles d'oreilles à la guillotine. — Les élégances de la Terreur. . . 154

IV. — Le jeu sous la Monarchie. — Le tripot de l'Autrichienne. — L'ambassadeur croupier. — Chevaliers de Saint-Louis, taillez! — Les trente-deux maisons de jeu du Palais-Égalité. — « Avez-vous du pouvoir exécutif de pique? ». — Un écumeur du tapis vert. — Le policier Monti, ennemi du jeu. 170

V. — La littérature érotique au Palais-Égalité — Estampes licencieuses. — Où il est prouvé que la police est le dernier refuge de la pudeur publique. — Le citoyen poète Florian. — Les libelles et les pamphlets contre Marie-Antoinette. — Les libraires et le Tribunal révolutionnaire. 197

VI. — La « Science de la gueule » suivant Montaigne. — Les traiteurs à la mode : Meot, Beauvilliers, Very, Venua. — Le dernier dîner d'un régicide. — La carte d'un terroriste. 218

LIVRE III

De la Luxure à la Guillotine

I. — Une courtisane de la Révolution. — La suave Émilie. — Le 5o et ses habitués. — Un mari qui aime les actrices. — Une épouse qui aime les chanteurs. — La conspiration de l'étranger. — Fouquier-Tinville et les dames de Sainte-Amaranthe. — La fournée du 29 prairial. — Au cimetière Sainte-Marguerite. 241

II. — Un professeur de débauche : M. le marquis de Sade. — Le roman de la femme dépecée vivante. — L'aventure de la maison close de Marseille. — Satyrographomanie, érotomanie ou folie? — Les prisons du marquis de Sade. — Sous la Terreur. — De *Justine* à *Juliette*. — La morale de l'auteur d'*Aline et Valcour*. — La fin du divin marquis. 283

APPENDICE. — *Les scandales au Palais de Justice sous la Terreur* 318

Paris, Imp. A. MÉRICANT, rue du Pont-de-Lodi, 1. — 263.7.08

OUVRAGES DE LUXE ILLUSTRÉS A 3 FR. 50
Romans passionnels

PAUL ADAM
La Morale de l'Amour . . . . 1 vol.
Les Puissances de l'Amour . . . . . 1 vol.

FERNAND AUBIER
Jusqu'où elles flirtent . . . . 1 vol.
Monseigneur le Bien-Aimé . . . . 1 vol.
Képis à trois ponts . 1 vol.

JEAN BERTHEROY
Sybaris . . . . 1 vol.

ALEXANDRE BONNEL
Vierges d'outre mer 1 vol.

MARIE-ANNE DE BOVET
Vierges folles . . . 1 vol.

THÉODORE CAHU
Leurs Amants . . . 1 vol.
Celles qui se prêtent. 1 vol.
Son Fils et son Amant 1 vol.

CURNONSKY
Demi-Veuve . . . . 1 vol.

CAROLUS DIDIER
David (L'Orgie Biblique) . . . . 1 vol.

RENÉ EMERY
Vierges en Fleur . . 1 vol.
Sarah la Peau . . . 1 vol.
La Grande Passion. 1 vol.
La Fraude Nuptiale. 1 vol.
L'Heure du Berger. 1 vol.
Le Poison des Lèvres 1 vol.
Notre Amour quotidien . . . . 1 vol.
Douces Amies . . . 1 vol.

Sainte Marie-Madeleine . . . . 1 vol.
La Vierge d'Armor. 1 vol.

HENRY DE FLEURIGNY
Le Mauvais Charme. 1 vol.

AUGUSTE GERMAIN
Les Paradis . . . . . 1 vol.
Dames Patronnesses 1 vol.

PIERRE GUÉDY
L'Égyptienne . . . . 1 vol.

GUSTAVE GUITTON
Les Têtards (Futures Femmes) . . . . . 1 vol.
Les Essayeuses (Fausses Vierges) . 1 vol.
Les Exagérées (Maturités) . . . . . . 1 vol.

JEHAN D'IVRAY
Les Porteuses de Torches . . . . 1 vol.

JÉROME MONTI
L'Amant des Femmes 1 vol.
L'Empaumeuse . . . 1 vol.

VICTOR NADAL
L'Abbesse damnée. 1 vol.

JEAN RAMEAU
Du Crime à l'Amour. 1 vol.

DANIEL RICHE
Le Cœur de Thallys. 1 vol.

JEAN ROVIDA
Buveuse d'Ames . . 1 vol.
Comment on les capte 1 vol.

VICTORIEN DU SAUSSAY
Les Nuits de la Casbah . . . . 1 vol.
Je suis Belle ! . . . 1 vol.

Chairs épanouies, Beautés ardentes. 1 vol.
Les Mémoires d'une Chaise-longue . . 1 vol.
Immortelle Idole . . 1 vol.
Martyrs du Baiser . 1 vol.
Femme, Amour, Mensonges . . . . 1 vol.
La Morphine (Roman) 1 vol
Rires, Sang et Voluptés . . . . 1 vol
Rue de la Paix (Marchés d'Amour). . 1 vol.
La Science du Baiser 1 vol
La Corse (L'Âme, la Vie, l'Amour aux pays du Soleil) . . 1 vol

HENRI SÉBILLE
Toute la Troupe . . 1 vol.

GUY DE TÉRAMOND
L'Étreinte dangereuse . . . . 1 vol.
Les Dessous de la Cour d'Angleterre 1 vol.
Impériales Voluptés 1 vol
Une Maîtresse Juive 1 vol.
La Force de l'Amour. 1 vol.

JANE DE LA VAUDÈRE
Les Androgynes . . 1 vol.
Le Harem de Syta. 1 vol.
Confessions galantes 1 vol.
La Vierge d'Israël. 1 vol.
Les Prêtresses de Mylitta . . . . . . 1 vol.
Sapho, dompteuse . 1 vol.

WILLY
Danseuses . . . . . 1 vol.

ALBUMS ILLUSTRÉS A 3 FR. 50
ARMAND SYLVESTRE
Les Dessous à travers les Ages. 1 Album. | La Chemise à travers les Ages. 1 Album.

PUBLICATIONS ILLUSTRÉES SUR LE NU ARTISTIQUE
Collection à 3 fr. 50 le volume

ÉMILE BAYARD
La Pudeur dans l'Art et la Vie (Préface de W. Bouguereau): 32 études photographiques d'après nature. . 1 vol.
L'Art d'être Femme (Préface de Willette), 30 études photographiques d'après nature . . . . 1 vol.

A. VIGNOLA
Le Modèle Vivant, 200 études photographiques d'après nature . . . 1 vol.

Les Beautés Antiques, 50 compositions académiques . . . . 1 vol.
Toutes les Femmes, 300 académies.
Tome I : *Femmes d'Europe*. . . . 1 vol.
Tome II : *Femmes d'Orient et d'Afrique*. . . . . 1 vol.
Tome III : *Femmes d'Extrême-Orient et d'Amérique* . . . . . 1 vol.
Les Maîtres du Nu, 10 estampes lithographiques, format pour tableau 28 × 45.

Collection à 5 fr. le volume

ÉDOUARD DAELEN
La Moralité du Nu, ouvrage artistique illustré par le Nu photographique, 100 études en couleur. . . . . 1 vol.

GUY DE TÉRAMOND
La Physiologie du Nu, illustrée par le Nu photographique d'après nature, 100 études d'hommes, femmes et enfants. . . . 1 vol.

COLLECTIONS "ACADEMIA" A 1 fr. LE VOLUME
NOUVELLE BIBLIOTHÈQUE ROMANESQUE ILLUSTRÉE PAR LE NU D'APRÈS NATURE

GUY DE TÉRAMOND
Une Courtisane grecque . . . . 1 vol.

JANE DE LA VAUDÈRE
Le Rêve de Mysès . . . . 1 vol.

Ouvrages artistiques documentaires illustrés par le Nu photographique intégral
LÉON VALBERT & V. ROSSI-SACCHETTI
Le Nu dans la Fable . . . . . 1 vol. | Le Nu dans la Bible . . . . 1 vol.

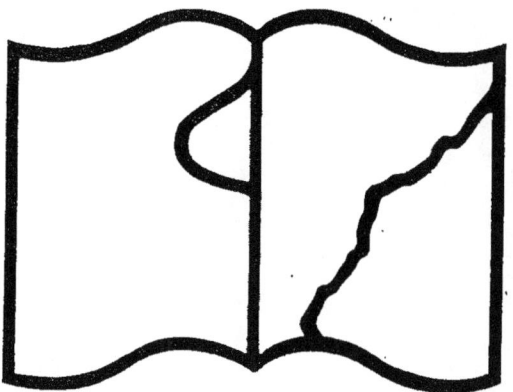

Texte détérioré — reliure défectueuse
NF Z 43-120-11

www.ingramcontent.com/pod-product-compliance
Lightning Source LLC
Chambersburg PA
CBHW070624160426
43194CB00009B/1361